台北城市散步

走過，不路過

導覽作為一種社會參與

各方推薦

聽建物說話，由生活其中的人們引路，為每顆雞蛋捍衛立足之地。這無疑是走入一座城市最美好的方式。

人生百味

認識一座城市最好的方式，就是跟著居住在此的專家，穿街過巷、發覺各種有趣的主題。這兩年來，每每驚訝於「台北城市散步」發掘題材的角度與能力，他們為台北這座城市，挖掘出更多元精彩的觀看角度，也令我多次成為跟隨者，並深覺樂在其中。

工頭堅／《旅飯》旅行長

五花鹽

我們一起追逐北管和砲聲，繞整個大稻埕。那沿路有心跳的火光和震動，和一〇一煙火好不一樣，大概就像，台北人和天龍人的那種不一樣吧:)

邵瓊婷／文化銀行創辦人

走在台北街頭，節比鱗次的高樓大廈、閃爍的招牌和魚貫的人群，如實地呈現了作為一個國際都市應有的樣貌。過路的你是否曾經想過，以前的台北長什麼樣子？若這個念頭有曾經閃過你的腦海，那你最好細細讀完這本書。台北城市散步用散記的方式詳實的紀錄的台北的緣起和發展脈絡，兩百多條走過的導覽路線裡，用平實的文字節錄這城市的生命軌跡。若你也曾望著台北的天際線興嘆，在書裡你可以暫時獲得救贖，細細品味台北城的老靈魂。

凌宗魁／國立臺灣博物館規劃師

在熟悉的店街踏查歲月累積的智慧；在生長的廟巷找尋場所串連的故事。關於城市身世的尋訪，等待挖掘的精采還有很多。

徐明松／銘傳大學建築系專任助理教授

這是一本多面向切面的台北城市導覽，是一群年輕朋友關心自己城市所做的記錄，是我們建構台北城市學的重要基礎。

高傳棋／臺北水窗口執行長

城市的前世今生，需要探研與書寫。透過您我實際的散步走讀，慢慢咀嚼並揭開其被忽略甚至逐漸淡忘的時空生活故事。

張正／燦爛時光東南亞主題書店創辦人

開車經過一條街，與步行經過一條街，速度不同，所能感受的事物也絕對不同。在追求速度的現代社會，「台北城市散步」逆勢而為地致力於另一種價值：速度快慢不要緊，要緊的是用心感受。

陳智遠／活現香港（Walk in Hong Kong）共同創辦人及行政總裁

要瞭解一個城市，我始終認為最佳的方法是用雙腳認真地遊走街道，仔細觀察城市裡形形色色的人們，並用心地感受及欣賞街上每一個細節。這是讀過《台北城市散步：走過，不路過》時最深的感受：書從滋養台北的水開始談起，連結台北的過去、現在與未來，並以不同人的視角窺探台北社會的動態變化，當中既有對自然與人之間關係的思考，又充滿傳統文化與現代都市碰撞激蕩的火花，清晰而全面地展現了台北是如何層次多元及趣味盎然。書中也緊扣著一個重要命題：文化導覽在今天旅遊業及塑造城市形象所發揮的角色。這是我們活現香港（Walk in Hong Kong）每天也在思考的問題，兩個城市值得就此對話、相互砥礪。

梁蔭民／環境教育工作者與水資源研究專家

當分工愈細，人們的生活圈就愈「單純」，在自己的「專業」外，看到的愈來愈少。環境為甚麼愈來愈壞，人們不看或視而不見是因素之一。希望我們不只從不同角度聽，更要看，更要思考。「走過，不路過」給我們一個起點。

黃蘭貴／國立臺北藝術大學藝術行政與管理研究所助理教授

為什麼在十八個月內參加了二十四場導覽行程？因為在努力補修學分啊！無論是台灣歷史、城市在地文化、多元族群或社會議題，這些當年國教課本裡缺席的知識，唯有理解其脈絡，方能更認識自己所居住的這塊土地。

黃哲斌／新聞工作者

是人文、也是水文；是歷史、也是故事；是街區，也是與我們一同俯仰生活的鄰人臉孔。這是一本理解過去、看見現在的親切讀本。

鄭順聰／作家

關於台北，我有幾百種走法。靠一雙腳，如根鬚般深入這座城市的肌理，一塊磚、一面招牌、一處轉角，透過導覽者的聲音，還有那五官與腦內根鬚般磐固的記憶大樹，故事與歷史就此說不完。「台北城市散步」是正港的「巷仔內」，透過細密到不可思議的走踏，為這座浮華城市「接地氣」，是認識「裡台北」之最佳路徑，是豐厚城市文化的基礎工程，也是每個人都可以來設計主題、拿起麥克風自己來導覽的第一步。

謝宗榮／耕研居宗教民俗研究室主持人、輔仁大學進修部宗教系兼任講師

對於自己所居的城市缺乏「認識」，似乎已成為「天龍國」台北人的通病，《台北城市散步：走過，不路過》就是這個症頭最具療效之藥！

蘇碩斌／台大台文所教授

他們的生意經很質樸，路線是生活世界、導覽為鮮活庶民、故事則是活過的記憶，很努力在邀請大都會生存者找尋過日子的活路。

序言

這城市加了洋蔥

「是洋蔥！」來自電影《食神》的台詞，加了洋蔥的黯然銷魂飯讓人感動。在台北各專業領域、街區，有非常多人為這座城市加了洋蔥。

每日生活在高樓、公寓之間，台北人老遠跑到台東池上看稻田，梁蔭民老師帶我們到關渡尋找台北最後一片稻田。雨天沿著工地圍籬，夏聖禮老師指出被捷運環狀線重劃而分崩離析的十四張聚落。高傳棋老師帶我們走進加蚋仔的堀仔頭聚落，這裡仍保留最初漢人移民逐水而居的歷史痕跡。吳金鏞老師長期參與溪洲部落居民權益抗爭，我們看到水岸聚落的生活方式與居住需求。

在艋舺龍山寺、大稻埕慈聖宮、蘆洲李宅等廟宇、宅邸，很容易碰到專精台灣傳統建築的鄭勝吉老師。釋照勝老師通曉日語，蒐集無數老件文物，走遍台北城、城南、城東等各處日本時代建築。凌宗魁老師細數清領、日治到戰後各個時期台灣建築風格與當代風土演變，在各個文資保存戰役都可看到淩老師直指文化資產的重要價值。孫啓榕老師參與齊東街日式建築修復、化南新村保存，與社區居民對話，從建築師的觀點發掘文化資產的價值。

建築物隨處可見，但我們常忽視了它對人們生活的影響。站在小學圍牆旁，許麗玉建築師改變這座牆的位置與形式，也改變了小學與社區的關係。透過王士芳建築師引薦，田中央建築師事務所白宗弘老師兩次帶我們走遍宜蘭市，深刻感受良好規劃的公共建築如何改變城市。殷寶寧老師研究建築與權力的關係，從中山北路沿線的建築，可看到台北從日治時代到戰後的權力轉變。

每年上半年從三月瘋媽祖開始，保生大帝、清水祖師、新莊大眾爺、霞海城隍爺等重要民間信仰祭典，在台北各個老街區展開，都可看到謝宗榮、呂江銘、張家珩、許泰英等諸位老師的身影，詳實記錄各路陣頭軒社的出陣形式，與旗幟、樂器、神將等重要文物。還有在各地為自己家鄉發聲的老師們，大龍峒陳應宗、艋舺柯得隆、西門町黃永銓、北投楊燁、淡水蔡以倫、內湖劉昭輝、社子島王志文、九份曾建文等，從地方觀點呈現台北人組成的多樣性。

跳脫主流框架，我們才能以客觀視野看到台北的不同面貌，燦爛時光書店張正曾擔任四方報總編輯，長期為台灣移工權益而努力。芒草心協會張獻忠沿路與人打招呼，是他在萬華十幾年來投入街友照護的努力。喀飛在二二八公園舞台上說著二十年來同志運動的始末，今年終於等到令人欣喜的結果。日式酒店媽媽桑席耶納、台式酒店江董，在街頭述說林森北路罕為人知的真實面貌。

近三年台北城市散步已策劃二百五十條導覽路線、執行一千五百場、二萬五千人次參與，這些是由一百多位導覽老師協助，及老客戶們的新台幣支持才能完成。

本書各議題來自過去台北城市散步團隊所策劃的各個主題，代表台北這座城市的過去、現在與未來，從淡水河流域水資源、各歷史聚落脈絡認識台北的過去，有形與無形文化資產保存、各種社會議題探討現在台北的樣貌與多元觀點，期待您與我們一起參與台北的未來想像。

邱翊（By the way，其實序言標題才是我最喜歡的書名）

台北，緣起於河

我們的家，從河處來

開天闢地的第一篇，我們先談河流。

為什麼是河流，而不是城市呢？

因為世界上所有的文明、城市，都是從河流旁邊開始的，而台北當然也不例外。只是在過去的學生時代裡，我們大量閱讀著長江流域與黃河流域的歷史，卻鮮少聽人說起台北河流的故事——不少台北人可能對離自己家最近的那條河感到無比陌生呢！

舉個例來說，你知道台北市民喝的水從哪裡來嗎？相信很多人的回答是翡翠水庫。但事實上這並不是正確的答案，因為供應台北人生活用水的地方，其實是位在新店溪上游的直潭，而不是翡翠水庫。此外，我們每天生活所產生的家庭廢水，最後也被導入大家假日熱愛騎車的河濱公園自行車道旁的河川中；有些成為了河岸生態的養份，也有些就地造成了汙染破壞。

河與人們的生活密不可分，只是大家生活在便利的台北市，而水對台北人來說，大概就是打開水龍頭後就會有的東西而已。

平常生活離水源太過遙遠，高聳的堤防也阻絕了人與水的距離，使生活在這座城市的人漸漸遺忘了河與我們的關係。所以，開始講城市的故事前，我們得先從孕育台北的母親之河——淡水河開始說起。

河岸聚落的形成

淡水河流域，早期是北部平埔族凱達格蘭族的居住地，在漢人大量移民進台灣開墾前，就已經開始利用小型獨木舟，往來淡水河與各個支流間。

清康熙年間，開始有來自中國沿海城市的移民進入台灣。北部地區就是從淡水河口的滬尾進入，沿著河流而上，並陸續從河的兩岸登陸，進行開墾作業。此時河流不僅是進到台灣內陸的交通工具，舉凡開拓新天地需要的灌溉用水、生活用水，都讓先民們的生活緊緊依靠在河岸邊。

當生活穩定，人們開始定居後，街區逐漸形成。因此，能提供船隻停靠的港口成為地方上重要的資源；人們除了從港口坐船往來各城鎮間，也開始利用河運進行商業貿易。各地的物資從內陸運到河岸邊集中，或是等待商船送至其他地方交易，或是在港口邊直接叫賣起來，這讓港口附近形成了市場，成為街區最熱鬧的地方——也就是現代人稱作的「老街」所在。

艋舺、新莊、三峽、汐止等等靠近河岸街區的興起，也都跟港口脫不了關係。不過從前因為爭奪港口資源，兩相不合就大打出手的械鬥事件也時有所聞就是了。

被隔開的水

日本時代以後，鐵道的發展逐漸成熟，河運功能漸漸被陸運取代。人口增加也導致生活用地不足，於是人們終將腦袋動到河流上頭。過去以自然為本，與自然共生的智慧，也轉向了以人為本的「人定勝天」思維。各地開始填河造地，使得原本的河道限縮，大雨一來，滿出來的水量無處宣洩，最後就是倒進了人們生活的區域，演變成水患了。

台北堤防（攝影：邱翊）

為了保護人民的安全，政府也不得不提出解決辦法。在不可能將已開發好的地還給水源的情況下，河岸邊開始興建能抵擋河水倒灌的水泥堤防。

堤防在大雨來時成功的將河水阻絕在外，看似保護了堤內人民的安全，但是它們擋得住水，卻擋不了人們開發土地的速度。堤防高度不斷加高，似乎變成了不可逆的宿命。

早期河岸邊的堤防高度，也不過就是一般成人的身高，但是現在台北市的堤防，最矮的地方少說也有六公尺。現在我們生活中可見的這些堤防高度，是政府以兩百年的防洪率計算出來的。

有時候到國外去，看到河流自然的經過城市內部或環繞四周，不禁羨慕別人是多麼重視他們的河川。台北市也曾有過與水共生的年代，但現在越來越高的堤防阻絕了人的視線，若不穿過幾道開在堤防上的水門，我們很難看見那條離我們近如咫尺的水源，當然也就很難再去想像水與人之間的關係。

水孕育了這座城市，但現在卻被城市遺忘，說起來頗讓人感傷。

重新認識因河而生的城市

河川的議題不只是會不會淹水這麼簡單而已，它是一座城市如何興起的故事，包含了過去人們所從事的產業歷史，甚至是自然資源的水土保持教育等面向，都值得我們去省思。

為了喚起大家對於河川的重視，二〇一六年初，台北城市散步開始以淡水河為題，企劃了「我們的家，從河處來」的題目，盼能帶領聽眾重回到初生之地，看見城市成長的軌跡。

我們一口氣進行橫跨四個月份的導覽場次，將雙北地區因河而生的街區串聯起來，如艋舺、大稻埕、加蚋仔、新莊、淡水、蘆洲、景美、南港、汐止、猴硐等等近二十場的導覽活動。雖然可能是常見的導覽區域，但我們在路線設計上則希望導覽老師帶著聽眾往河邊走，並透過這樣的視覺感受，探討一座城市與河流間的關係。也許，這樣的訴求引起大部份人的共鳴，報名之初居然有不少人是一口氣報了半數以上的場次，讓我們大為振奮。

高傳棋老師的「加蚋仔親水生活空間」導覽，讓我們在南萬華看見了過去滋養地方土地的活水，並尋著水源一步步走回先民經常聚集的那顆茄冬樹下。

內湖、南港這些現在被劃定為科技軟體園區的地方，過去也都因為基隆河的水利之便，將煤礦資源送往外地，為地方帶來興盛。

汐止最大的生產作物茶葉，也是靠著船運，將一箱一箱的茶葉送往大稻埕。

另外，由梁蔭民老師帶領的「何必去台東？台北沒有電線杆的稻田」的導覽，更是抓住了很多人的目光。我們騎著腳踏車從捷運關渡站出發，在關渡宮旁看見了百年的捕魚技術和舢舨，老漁夫至今仍然遵循古法出海補撈。再往下騎，一大片綠油油的稻田隨即映入眼簾，難以想像這竟是在台北！我們走下田裡，朝田中央的小屋前去，屋主愜意的在那裡喝茶，邀請我們隨意看看。一條清澈的小河從前方流過，「我家門前有小河」的景象，居然就在眼前。但是近年來，隨著人口外移及土地價值，不少田地開始閒置後，陸續出現了奇怪現象。老師帶我們走到一個地方，指著前方一片小土丘，問大家有沒有覺得哪裡奇怪？許多人百思不得其解，老師才說：「這裡是平原，怎麼會有小土丘？這並非自然的地形，而是人為傾倒建築廢土而成的……」這讓現場的人大為震驚，對比剛剛才看完的美景，一轉眼間就發現殘酷的事實！台北最後一塊農業平原，也漸漸在土地開發的浪潮下，慢慢地消失……

建立人與土地的連結

台北能有今天的發展，一切的起源都要從淡水河以及它的支流開始說起，早期的人們也都是沿著水岸建造起自己的生活圈。

隨著城市高度的繁榮，需要更多空間來負荷成長的人口。人們開始與水爭地的結果，迫使原本寬廣的河道不斷向內縮。又為了防止水患，修築堤防使得河岸生態與人民生活產生劇烈改變，人與水的關係越來越疏遠。

我們用一個又一個的水泥圍牆換來二、三十年的發展，犧牲的是人與土地之間的連結。生活中見不到河川，讓這座城市的人幾乎都快忘了人與水的關係，忘了我們到底從哪裡來。

其實，河川一直沒有離開，它就在我們身邊，只是我們不再像過去那麼了解它。填鴨式的教育讓我們死記了一堆名詞，卻不曾真正知曉地方的環境問題。而我們相信，惟有切身到現場了解水源與自己的關係，才有機會重新拉起人與土地的連結，才可能從在地出發，打造一座更好的城市。

何謂兩百年防洪率

兩百年防洪率，顧名思義，就是可以防止兩百年內洪水發生的機率。有趣的是，台灣的治水記錄是從日本時代才開始出現，距今也不過就一百多年，那是怎麼算出兩百年的防洪率呢？

其實這個數據是相關人員將過去有紀錄的洪水高度做資料匯整，再以統計學的方式所推算出來的。推算的時間越長，洪水率就會越高。洪水率越高，堤防的高度就會越高。但是這洪水什麼時候會來？說真的，不知道。有可能是明天、後天、明年、一百年後或是一百九十九年後都有可能，也可能根本不會發生。這道理就如同買樂透一樣，百萬分之一的機率，你持續買下去，總有一天會中獎，至於是什麼時候沒人說的準。

那麼為什麼是兩百年？不是更少的一百年？也不是更多的五百年呢？這部份則跟各地方的政治與經濟比較有關係。目前全台灣只有台北市的淡水河系是使用兩百年的防洪率來修築堤防的高度，其他全台二十四條中央管理河川設定為一百年防洪率，縣市管理河川設計為二十五年，區域排水系統則為十年。有這樣的差別，主要因為中央預算分配和經濟上的考量，台北市相對於其他地方有較多的預算可以修築較高的堤防，所以選擇了用兩百年的防洪率。但為什麼不是用更高的五百年？一來是因為有沒有這個必要性蓋這麼高的堤防，現在兩百年的防洪率堤防高度約是九公尺，如果拉高到五百年，在統計學上的推算不是只要簡單乘以二點五倍就能算出來的，可能變成現在的三、四倍高，甚至更高的高度都有可能。另外，也是因為沒有錢蓋這麼高的堤防。所以堤防高度的決定，也取決於決策者的主觀認定。

只是在二〇〇九年的莫拉克颱風時，台灣面臨了半世紀以來最嚴重的「八八水災」，又開始讓相關人員提出要重新修改防洪率的聲音。如果未來有一天防洪率真的被拉高的話，台北市可能將要過著被超過十公尺的堤防包圍的生活了。

從大稻埕水岸看都市變遷

早晨的大稻埕碼頭一派悠閒。

東邊升起的陽光被大樓、堤防、橋樑擋住，曬不到河濱。廟旁搭建的棚子總有幾位老人家一早就來此泡茶聊天，偶爾打開卡拉ＯＫ機唱兩句。網球場、羽球場、草地有社團定時運動，自行車道是民眾騎車必經之地。

早上八、九點之間，三層樓高堤防的另一側，環河南北快速道路上，一輛輛小客車趕著進城上班。大稻埕店家忙開店，把貨架推到騎樓，而從各地來的貨車也陸續湧進迪化街和歸綏街，進貨取貨。

這是今日的大稻埕，堤防兩邊似乎是不同世界，各自過著不同的生活。

其實在不久前，一八五三年，泉州同安人由林右藻率領，在大稻埕開港貿易，將台灣及海外貨物運至大稻埕，也把台北的貨物運至各地，隨後洋人在大稻埕經營茶葉加工及貿易

——大稻埕因淡水河與世界接軌，人們的生活與河流緊密結合。

大稻埕人對於淡水河的記憶

我阿嬤十五歲時，人生第一份工作在永樂市場附近的永樂戲院擔任售票員（註㈠）。她說永樂戲院後面是一條「大溝」（註㈡），直通淡水河。河岸高低落差大，很危險。

我的小學音樂老師受日本教育長大，他曾說以前念大稻埕公學校時，他常跟同學在淡水河邊游泳、抓魚，學校老師在岸邊的房子上看到，就罵他們太頑皮。我覺得老師說得很有趣，卻無法想像他看到的淡水河；現在，我在河邊的老家三樓屋頂看不到淡水河，也沒看到有人在淡水河抓魚、游泳。

今日多數人稱民生西路底的水門為大稻埕碼頭，但是大稻埕長輩習慣稱呼它「十一號水門」。這是日本時代約一層樓高的堤防，戰後仍沿用數十年。堤防邊只有一條小路，沿路多是低矮房舍，以及清領、日本時期興建的河岸洋樓。每一個路口都有水門，大稻埕人到每個路口都可以輕鬆容易走到河邊。

我小時候的淡水河邊已是九點五公尺高的堤防，以及難以跨越的快速道路。僅有民生西路底的水門與南京西路的小門才能走到河邊，淡水河則是一條骯髒污臭的河流。一九九〇年代初期，北淡線鐵路已經拆除，淡水線捷運尚未完工，如果我們全家人要去淡水老街或沙崙海水浴場，除了騎車，就是從大稻埕碼頭搭船，直接到淡水碼頭。記得船隻濺攪動暗沈的河水，刺鼻的氣味迎風而來，河水不時飛濺在身上，讓人作噁。

大稻埕與淡水河為何被切割？

台北盆地發展史總會提到一七〇九年的陳賴章墾號——福建泉州戴天樞、陳憲伯、陳逢春、賴永和、陳天章等五人合股組成——開墾範圍包含今日艋舺、大稻埕、大龍峒、松山、新莊、中永和、三重、蘆洲等地。其後艋舺、大稻埕陸續興起，清朝興建台北城，正式將台北作為台灣政治中心，日本人接續往東開發，陸續填平盆地內的湖泊、埤塘，如河溝頭（今日機場捷運站、台灣鐵道部等）、雙連埤（今日捷運雙連站附近）、下埤（今日松山機場）、上埤（今日忠孝敦化、忠孝復興附近），以容納逐漸增加的台北人口與都市建設。一九一五年日人於大稻埕興建防洪牆，是淡水河防洪系統的開始，並延伸至艋舺等地。戰後一九四五年台北市人口約三十三萬，至一九六〇年人口快速成長，台北市有一百八十四萬人，台北縣有一百三十萬人，整個台北盆地已是超過三百萬人的大都會（註三）。當時台北下水道系統尚未完備，家庭廢水直接排入淡水河，加上大漢溪上游工業區大量排放廢水，造成淡水河嚴重污染。

五、六〇年代颱風侵襲造成財產損失與生命安全，政府認為低矮堤防不足以防災，於是陸續有了淡水河整治及防洪計畫。一九八五年至一九八八年執行「台北地區防洪計畫建議方案第二期工程」，大稻埕堤防提升至兩百年防洪高度，成為目前的規模。這使得水門數量大幅減少，十一號水門變成五號水門，同時將河岸小路環河北街拓寬為環河北路。之後，一九九二年，環河南北快速道路通車，從大稻埕、河溝頭、艋舺、加蚋仔，一路往南至公館；快速道路使得大稻埕與淡水河進一步被分割了。

為了興建堤防與快速道路，河岸違建被迫遷移，有受訪長輩說遷移十萬人，讓大稻埕人口驟減，影響地方商業活動。我媽說當時家裡生意大受影響，而李亭香百年餅店的李榮華先生也說老顧客四散，餅店被迫轉型。

都市人安全與生活的平衡

在我的生活記憶中，大稻埕確實從未淹過水。

近年幾張颱風洪水即將漫過堤防的照片，兩百年防洪高度的堤防的確保護沿岸居民的生命財產安全，即使是二〇〇一年創下台北最高下雨量的納莉颱風，造成台北捷運及東區淹水，大稻埕也未淹水。

二〇一五年，台北城市散步與建築大叔合作導覽「小心車子！這裡是台北河岸」，那天蘇迪樂颱風剛過沒多久，建築大叔帶著民眾從大稻埕碼頭出發，往南京過環河南北快速道路、忠孝橋，一路到中興橋。實習生文茹記錄：「舉目所見皆是爛泥，不易行走。……抬頭仰望，錯綜複雜而使人暈頭轉向的快速道路轟隆震動，從高架橋分流而下的機車瀑布呼嘯著，讓河堤的壓迫感增添幾分焦慮。這是我們的大稻埕碼頭，門窄小、牆高、車多。人們穿過狹窄的水門到河邊，大稻埕河堤皆是泥濘，抬頭仰望，錯綜複雜使人暈頭轉向。」

二〇一六年六月，法國巴黎發生一百五十年來最嚴重的水患，塞納河水漫堤，市區地鐵、車輛交通停擺，羅浮宮、奧塞美術館等各支館所緊急搶救珍貴藝術品。一位藝術家

Julien Knez拿出一九一〇年巴黎淹水的照片，放在照片拍攝處作為今昔比較——一百年過去，巴黎的街景未有太大的變動，老屋、老橋樑、老地鐵仍在原處，重點是巴黎人並未因為一九一〇年淹水兩個月而在塞納河畔興建更高的堤防。

再看一八四四年設立英國租界的上海外灘，與大稻埕同樣於因洋人貿易而興起，黃浦江畔二十多棟洋行、銀行大廈、海關大樓、旅館酒店等等，是上海的文化資產，更重要的是十里洋場的洋派風俗仍是上海的一部分。

當我們帶著訪客跨過快速道路、堤防，走到大稻埕碼頭時，外國人多會驚訝表示：「沒想到台北有河流！」

當我們拿出大稻埕水岸老照片時，不管是台灣人或是外國人，多是嘆息萬分！大稻埕河岸曾經有的洋行、使館，如德記洋行、怡和洋行、美國領事館等建築，早已在城市發展過程中被犧牲。多數人騎自行車走過大稻埕碼頭時，只剩一艘唐山帆船勉強紀錄關於茶葉貿易的過往，根本不知道這裡曾經發生精彩的東西文化交流。

以巴黎塞納河、上海黃浦江為例，可能對地理條件不同的淡水河有失公允，況且今日社會共識也不可能降低堤防高度，恢復淡水河岸意象。但是，回顧城市快速發展過程所失去的記憶與生活，我們應多些思考，「如何在台北都市、淡水河自然景觀及文化資產之間取得新的平衡，而非只是防堵水患、市民縮短通勤移動時間。」

然而，一九九〇年代，內政部於淡水推動淡海新市鎮計畫，即將進行第二期開發，而捷運淡水線開通後，緊依著竹圍、紅樹林捷運站許多新建案如雨後春筍般冒出，再加上週末前往淡水老街的觀光人潮，淡水唯一的聯絡道路二號省道，不管是週間或週末總是塞車。即使有兩條重要交通建設已經開始動工，包括淡水河口的淡江大橋可將車流疏通至八里六十四號快速道路，淡海輕軌則作為捷運淡水線的延伸，另一條「淡水河北側沿河平面道路」也已進入第二階段環評，此道路起自登輝大道，沿著淡水河岸興建，連結至關渡大度路。也就是說竹圍、紅樹林地區的河岸將多一條道路，不僅可能破壞紅樹林保護區，河岸與淡水河更將多一條隔閡，居民與水的距離越來越遙遠。

淡水是台北最早開發的地區之一，保留非常珍貴的文化資產，如紅樹林、紅毛城、福佑宮、重建街等等，也是少數沒有高聳堤防，能夠享有河岸生活的地區。台北市區河岸生活多已被兩百年防洪線堤防所破壞，期待淡水快速道路計畫能更多討論，以環境承載為前提下建立共識，避免淡水河消失在台北人的生活中。

註㈠：永樂戲院舊名永樂座，由大稻埕茶商陳天來投資興建，已拆除成為迪化街一段四十六巷

註㈡：大溝又名港仔溝，一說天然河道、一說人工運河，南連接今日中興醫院、長安西路河道，往北於今日民生西路四百二十三巷流入淡水河，今日西寧北路。

註㈢：人口統計電子報。

台北水圳道的過去、現在、未來

有關瑠公圳是不是要露出來重見天日，每次選舉與政績等新聞出來，就會被拿出來討論。大家可能都想學當年的首爾市長李明博，整治清溪川，讓首爾市區的溪流重現，可是後來發現是做假的，真正的水圳道還是在底下，開發的那條是自來水道，有學者批評整條河川的維護費用高，也沒有達到生態平衡。

其實新生南北路底下的是大排水溝，當年名為「堀川」，並不是灌溉農田的水圳道，而我們熟知的名詞「瑠公圳」，也是到日本時代才把台北的三大水圳整合重新命名而來。比較正確的說法：郭錫瑠當年來台北開墾時，是開發台北市東邊，而西邊的水圳本來就有霧裡薛圳。

霧裡薛圳

一七二四年興建的霧裡薛圳，由於缺乏資金，於是周姓人家合股，「陳元利」號提供埤塘儲水。

霧裡薛是原住民語，稱今日的景美溪，也就是霧裡薛圳取水之處，位於現今文山區木柵和興路西側、埤腹抽水站附近。開發灌溉農田的範圍擴及現今的艋舺萬華區、大稻埕大同區等範圍，超過七百甲的田地。

值得一提的是原本位於四維路一百四十一號的林安泰古厝原址，原籍泉州安溪的林家在艋舺從事船運貿易致富，一八二二年興建了林安泰大厝，在霧裡薛圳灌溉的最東邊，或許這已經是瑠公圳灌溉的範圍了。至於身為漳州人的郭錫瑠家族後代，與泉州人林家，當年怎樣的競合關係去瓜分台北市水田，也頗值得玩味。

瑠公圳

一七三六年從彰化北上的郭錫瑠家族，居住於興雅莊，位於今日信義、松山區一帶。他們先將周邊的埤塘串連，並從四獸山引水灌溉，但因為水源不足且不穩定，於是變賣家產投入更多資源，在新店溪上游青潭一帶引水，卻經常遭到原住民的破壞，一直沒有進展。

郭錫瑠與「金合興」號的競合關係，一方面防止合作對象把所有的水都引入大坪林圳，另一方面郭錫瑠的資產都用完了，便想還有哪一些資源可以運用。想盡了各種辦法後，終於在一七六二年通水，但在一七六五年的一場大颱風侵襲下，瑠公圳在景美溪的暗渠全毀，郭錫瑠無力修復，抑鬱病逝。

後來郭錫瑠的兒子郭元芬繼承父業，將渠道重修，並且將取水口移至碧潭附近，不使用暗渠，使用較經濟的木梘跨過景美溪，但換為尖底使人無法通行而避免損壞。但大圳通水後不過五十年，郭家後代因災後無力修復，逐步將權益轉賣給板橋林家。

大坪林圳

郭錫瑠與大坪林地區的漢人蕭妙興的「金合興」號的合作，促成大坪林圳的開發，一七五五年開始的石腔頂圳路工程，到了一七六〇年終於打通引水道，但後來要持續工程時佃民付不出錢而反悔，蕭妙興告官府後和解，使得股東林安對於水圳的開發懷疑而退縮，於是後來全由蕭妙興獨資經營。

大坪林圳在開發成功不到一百年間，風雨不斷，增資、合資或轉換了商號名稱，負責修水圳的埤長也承攬收水租的權利，降低了水圳不通的風險。

三大水圳的整合

日本時代初期，雖然這些水圳的管理仍由「水利組合」來管理，但官方將這些「公共埤圳」以埤為單位，逐一的整併，並且修改整理水路，統一水源，將多餘的水道、埤塘填平。到了一九一七年，政府將板橋林家所有的瑠公圳產權買下，轉給了瑠公水利組合。

今日我們看到的一九三九年瑠公水利組合地圖，大致上可以看到這三大水圳被整併為瑠公圳的樣貌。目前新生南北路的大排水溝，是一九四二年才完工的堀川（特一號排水溝）。一座城市總不能一下雨就淹水，於是兼具防洪、排水的城市中河川，就這樣被實現了。

水圳重現天日的建議方法

台北由農田轉變為大都市，不到一百年的時光，若要恢復水圳道，無論是排水溝，還是真正的灌溉水圳，應該要先定義一個大前提：到底要做觀光來吸引人潮，還是要真正的做永續自然生態？要做一兩年就可以看到的政績，還是讓親水成為市民打從心底共同努力的目標？

有沒有兩全其美的投資呢？

若要做永續經營的模式，個人建議從台北市現有還未加蓋的水圳道開始整理。在六張犁、三張犁靠近山邊的水圳道，只要下大雨都有乾淨的水流。原本山邊有墳墓，但這幾年已經陸續遷移，若在此處配合綠樹、小池塘等設施，很容易建立親水環境——這是台北市三面環山的自然現象，郭錫瑠當時來台北，第一招就是從埤塘、山邊取水，我們為什麼還要花大筆錢把自來水假裝是溪水呢？

在京都與鎌倉的山邊，有眾多的寺廟，觀光客經常步行的哲學之道，也有溪流在旁，而台北市其實也擁有那麼好的自然資源，若把觀光客引向山邊步道，民眾也有休閒去處，不是很好嗎？

另外，台北市其實還有一些地方本來就有水圳道尚未加蓋，也許可以把這些範圍加大，例如文昌街兩百八十巷、和平東路復興南路的成功國宅旁、溫州街四十五巷等等。仔細找找，其實還有一些加蓋的巷道不是交通要道，只是給民眾停車方便而已。

還有，在台北市很多的巷弄鄰近公園，以目前這些地方附近交通流量不大，配合公園位置也可以打開這些蓋子，只是會不會有水就不得而知了，況且這些地方都不是私人地，執行上並不困難，例如：三興國小大門旁、泰順公園與殷海光故居、師大圖書館分部內、瑞安街周邊巷弄的公園、臨沂街四十五巷的文光公園等等。這些公園附近，絕對都是以前水圳道旁所留下來的畸零地。

在一九九〇年代，現在的信安街、長興街還沒有加蓋，是我每日騎車從水圳道旁的上學路段。若真的底下有水流，可規劃真正用腳踏車通勤的路線之一，也給城市有了另一個透氣的支脈。

目前規劃的草案，是在台大生態池引水經過新生南路，並為了不影響交通，把水放下地下再抽上來，最後導入大安森林公園的生態池。台北巷弄很多，為何不選擇「細水長流」呢？

一九三九年的瑠公水利組合圖，給我們眾多的答案，裡頭不就很多細水，流在我們今天的巷弄內呢？

也可選擇台北一零一附近的信義路五段與松勤街，該區觀光客最多，但或許可以看到台北的城市奇蹟！那邊的公園少得可憐，透過水道兩側可以種植楊柳或適合的植栽，增加一點綠意，並且鼓勵商業大樓使用水源製造綠能環境，投入水循環再生的機制。此外，這區鄰近象山的登山口，又可以引導遊客前往親山步道。

到底有沒有兩全其美的投資呢？我相信是有答案的。

兼具環保自然生態、夏天降低台北盆地的溫度、水資源回收等等，應是可以共同努力的目標。

在這城市的人：溪洲部落／秀妹

我們出了部落，外頭是河堤公園。公園整理得乾淨，但很暗，沒有人。慢慢走向捷運站，五到十分鐘後，突然亮起來。晚間十點，騎腳踏車、慢跑、散步……人影稀稀落落，但總是熱鬧些。

河的對岸，美河市和小碧潭站閃閃發亮。回頭望，遠處的部落周遭就是一片昏黃，似乎原本該成雙的路燈在那只餘一半，誰知道裡頭藏著溫暖火光。

我們找到秀妹阿姨時，她和鄰居們正在菜園棚子下生火聊天——這是 Badaosi，阿美語裡說的戶外聚會。

兩百多人，四十多戶的部落裡，每天都有三、五個甚至更多 Badaosi，在屋簷下、轉角、工寮間，在火光間笑著、鬧著。有時也爭執著，「但最多就是生氣一個多月吧！」阿姨說這已經是她和部落裡的人不合的最長時間紀錄了。

吃吃喝喝，人來來去去，有人帶著鹽酥雞和藥酒前來，是漢人朋友；最常來的有兩個人，已經忘了什麼時候認識的，每隔幾天就來玩，大家都熟識。

藥酒裡到底有什麼呢？茯苓伯還是羊奶頭，似乎還有當歸和枸杞……大夥爭執不下，一路聊到了還能用清明草泡酒煮雞湯、再聊到了情人的眼淚（炒蒜和辣椒，或涼拌）、藤心（煮湯）、麵包樹（煮湯、紅燒、涼拌）、山蘇（清炒）、和苦苣（炒肉絲）、龍葵（煮粥、羹湯），還有構樹青綠色的花，「就是那個，我們都叫他毛毛蟲，用炸的。」

味道如何？輕輕軟軟的。

還有蘆葦心，這是在水邊的人家一定要的，夏末後才有，雖然處理很麻煩，但會回甘，搭配肉類特別清爽。

第一個來到溪洲部落的張英雄大哥，或許就是愛上了這裡的河裡好捕魚、沙洲有野菜和大片的蘆葦，往烏來去還有更多的植物與獵物吧！大哥大姊們跟我說，每個人都有自己的秘密基地，知道哪裡菜特別多，下過雨後特別容易找到某種植物。

溪洲部落最初也像是一個秘密基地，從前沒有北二高，也沒有柏油路，喝醉的人不會進來鬧事，許多人也不知道這裡有一間間木寮。秀妹阿姨是最早到溪洲部落的幾戶人家之一，

秀妹阿姨和鄰居們在菜園棚子下生火聊天（攝影：ilid chou）

那時候沒有房子，「跟那個差不多啦。」她指著菜園中間的工寮說。最初來到台北工作時沒錢租屋，只能簡單搭木寮，再慢慢用做工以外的時間，搜羅剩下的鋼筋木料，用稻草和牛糞糊牆，蓋出第一個家。

「溪洲路的蕃仔寮」，早年工頭都會來此地找工人。工人們也就這樣口耳相傳，讓這個河岸邊的未開發土地，變成如今這個有菜園、養著雞鴨、還能夠捕魚的小小家園。

工作不易，其實絕大多數的原住民當年能找到的工作都類似：紡織場、木工、水泥模板、工廠等等。秀妹阿姨先在中和做紡織廠女工，她在一九八三年搬到溪洲部落，之後做了十幾年的木工和水泥工，最後一份工作，是大新店游泳池的清潔人員（是份好工作，一旁的大姊說）。丈夫大她二十來歲，已經過世。四個兒女有三個已成家，住在新竹和桃園等地，小兒子則繼續住在一起，在電信業上班，已經是區店長。秀妹阿姨於是退休，但還是將菜園打理得一絲不苟。

日落了，我們移到鄰居家門口，再度生起火、搬幾張椅子，繼續 Badaosi，大夥拉著外號「大俠」的吳金鏞老師談蓋房子的事。直到一九九七年，這裡才有門牌和電，水是更之後的事。本來去年就要開始建造的住宅，也要到今年（二〇一七年）暑假才開始了，但八、九月是颱風季，總讓人提心吊膽。沒辦法，堤防保護了住宅區和高爾夫球場，卻忘了溪洲部落。新的房子會蓋在在距現在部落約一百公尺、地勢較高處的新部落園區預定地，幸好還是離河很近。

人們最初都是沿著河活著的呀，漢人來了又走，築起高高的堤防，隔絕氾濫的河水，也隔絕與水親近的過去，剩下從河邊海邊，搭著火車來此的原住民。水岸第一排的風景很美，房屋廣告上都這樣寫，但這城市離水又近又遠——親水公園裡，人們跑步、騎腳踏車、遛狗、種上漂亮的花，可不能捕魚，種菜、游泳、划小船呀。或許人們已經不再那麼需要河，那太危險了，所有難以理解的事物都太危險。但秀妹阿姨需要，今早去捕魚的大哥需要。所以部落的人無法去公寓國宅，儘管有水有電有天然氣，但沒有Badaosi，沒有野菜，也不能捕魚。

（然後就要花錢買菜了，還有更貴的租金，與更更貴的水電瓦斯管理費，而且住都市要幹嘛？）

「阿姨妳會去市區嗎？」

「有呀，有需要的時候還是會去新店大坪林。」

「那東區呢？」

「不會，去那邊幹嘛？」

「不會想搬家嗎？」

「不會。」

「可是妳兒子女兒不是都在新竹桃園？」

「那是他們家呀，我家在這裡呀！」

秀妹阿姨的家鄉在玉里，她不時還是會回去探訪親戚，但關於她自己在玉里的「家」，「已經沒有了。」她說，「父母不在，也沒有房子。」或是，經過了三十餘年，她的家已經生根在溪洲部落。在這個部落裡，有上美崙人也有下美崙人，有馬太鞍人也有七腳川人，有花蓮人也有台東人，但無論是豐年祭上的舞步與服裝，還有年齡階級組織與頭目制度，都是專屬於溪洲部落的了。

柴火在瓦斯桶切割再製的金屬桶子裡燃燒，星火迸裂。我們和秀妹告別，一路走出部落，又和好多人打招呼，兩隻大狗一路陪著我們走到部落外。

雖然看不見，但我知道火還在燒著。

撿回遺忘的過去到現在

艋舺：在懷舊與新生之間思索

「這就是廟口，咱們的角頭。」艋舺祖師廟前的夜市擠滿人潮，和尚（阮經天飾）跟蚊子（趙又廷飾）自豪地說了這句話，娓娓道來艋舺的角頭故事。這是鈕承澤導演的電影《艋舺》其中一幕，由於片中場景多在艋舺實地拍攝，電影上映後，引起大眾對這個地方的重新關注，卻也有人認為這部電影，加深一般人對艋舺的刻板印象。

艋舺真的跟電影裡面演的一樣嗎？其實，這部電影呈現的是一個想像而非真實的艋舺，如果想認識真實的艋舺，首先要從這個地方的歷史談起。

從城市發展的視野來看，台北由西邊的淡水河岸往東邊擴張，學者蘇碩斌在《看不見與看得見的台北》這部書指出，艋舺、大稻埕、城內是清代依序出現並各自發展的「三個市街」，經由日本人的現代化治理，才成為「一個都市」。

「艋舺」之名源於平埔族語，隨著漢人逐漸移入開發，形成淡水河畔的貿易集散地。艋舺是三市街之中發展最早的地區，在大稻埕興盛前，曾經是台北的政商中心，因此有地方文史工作者稱呼這裡是「西京」。

艋舺不只有歷史內涵，也是許多人過去或現在賴以居住、生活的地方。艋舺的面積不算大，卻可細分為不同街區，每天進行各種類型的日常活動。各街區有不同的地方議題，彼此相互關聯，這裡的人們正在思索著艋舺的未來發展。其中，貴陽街、剝皮寮與大理街，是具有代表性的三個街區，值得介紹它們的故事。

台北第一街：貴陽街

貴陽街，一個保有傳統街道生活卻面臨都市更新壓力的街區。透過台北市好管家街區振興協會的努力，以及好管家成員詹品丞的碩士論文，讓我們能更清楚認識這個街區的地方議題。

貴陽街有「台北第一街」的美譽，因為艋舺歷史的源頭，開始於清代漢人與平埔族從事交易所形成的蕃薯市街，更精準地說，是指環河南路與西園路之間的貴陽街二段。但如今我們走在這裡的街道，大概只會感受到冷清，難以想像「台北第一街」的風采。因為日本人以及戰後政府不只改動原本的古地名，並拓寬為現代化道路，在不同政權的規劃下，早已不復見清代的原始街道樣貌。

不過，由於貴陽街上碩果僅存的傳統紅磚建築，以及前店後家的狹長街屋，見證百年來的舊日風華，這裡依然稱得上是台北的一條老街。有趣的是，貴陽街的店面出租，不全然依照現代資本主義的商業價值來運作，老一輩的屋主往往更看重跟店家的交情，並延伸出攤販在騎樓下做生意的共生關係。

屋主、老店、攤販與居民之間，以人情味潤滑的在地網絡，是貴陽街的珍貴之處。例如原本在騎樓擺攤的涼粉姐，延續上一代涼粉伯的古早味點心，雖然謙稱自己「只是賣涼粉的」，但她活潑又熱心公益的個性，很快就成為貴陽街上的招牌人物，想吃涼粉的客人經常要排隊。由於多次接受電視節目與媒體採訪，不只為周邊店家與攤販招徠生意，也成為貴陽街一股年輕的活力。令人高興的是，涼粉姐已租借店面，從涼粉攤升級為涼粉館。

然而，因為時間而累積沉澱的街道生活，比我們所想的還要脆弱。無論是建商進場推動的都市更新，或老店下一代的接班意願等因素，都可能讓現在的街道樣貌在短短幾年間消逝，如今周邊陸續出現拆除工地與高聳的新建大樓，正提醒著一個新時代的變化。

私人空間公共化的剝皮寮

剝皮寮，一個原住戶搬離而僅存空殼的街區。

戰後，政府沿用日本人的都市計畫，剝皮寮被編入北側老松國小擴增校地的預定地，隨著市府準備拆除地上物的大動作，激起公民參與的剝皮寮保存運動。為了保存剝皮寮，這裡的建築與歷史價值被人們「發現」；尤其過去長期的限建管制，意外保留了原始的清代街道紋理與日治時期的店屋面貌。保存運動的角力結果是留屋不留人，原住戶最後全數遷離，這裡成為所謂的「剝皮寮歷史街區」。

在這個私人空間公共化的過程中，剝皮寮東側設立鄉土教育中心。然而更為人所知的，這裡是電影《艋舺》的拍攝場地並吸引大批遊客前來，於是電影劇情取代原住戶的歷史記憶，構成許多外地人認識剝皮寮的第一印象。

如今我們走入剝皮寮，有別於貴陽街，這裡的騎樓下空無一物，沒有做生意的攤販，保全人員不時巡視環境，不再是居民日常生活與行走的地方，也已經沒有古早的街道生活。這裡乾淨而安全，經常舉辦各式展覽與活動，成為在地人口中「觀光客去的地方」。

有意思的是，新的街道生活正在剝皮寮逐漸發生。現在有不同的社區組織與社群活動，借用這裡的各個空間。譬如剝皮寮內的長壽茶桌原址，目前由台灣夢想城鄉營造協會進駐使用，協會邀請長壽茶桌老闆娘鄭姐回到老店原址，希望以舉辦分享活動與藝術培力方案的方式，重新營造喝茶聊天、互相交流的茶桌文化。鄭姐是健談的老闆娘，熟悉每一位老主顧的個性與背景，從她口中可以聽到長壽茶桌從前的故事，就連年輕人也會被吸引，來此小坐片刻。對鄭姐而言，看到不同世代的朋友在這個空間喝茶、吃小點心，也許就是長壽茶桌精神的延續。

大理街的服飾業與台北夢

大理街，一個以服飾商圈聞名而力求轉型的街區。

戰後的萬華火車站為貨運轉運地，也是許多中南部民眾北上求職的必經之地。當初，來自彰化芳苑的洪蔡閃女士為了貼補家用，以工廠剩布做「拼接衣」販售，到後來直接買布加工做成衣，而且兒子在這裡也開了第一家服飾店「洪勝美服飾行」。隨著生意越做越大，回彰化老家找親友來幫忙，親友們也陸續創業開店，被稱為大理街服飾業的「洪家班」，因此成為中南部城鄉移民實現「台北夢」的一則傳奇故事。

隨著越來越多人投入相關行業，於西園路以東的大理街為主的區域形成服飾業集散地，並於一九八〇年代達到巔峰。

可惜隨著成衣工廠外移、五分埔商圈的興起、網路購物的流行等因素，這裡的服飾業者有日漸迫切的轉型壓力。如今的大理街，仍有為數眾多的服飾業者，所以不同於貴陽街或剝皮寮，這是一個牽涉到更多現實利益的商圈。在服飾商圈的鼓吹下，近年來政府不斷投入資源，包括硬體設施的建置與舉辦活動等各種方式，希望吸引人潮與買氣，但似乎與預期目標有落差。

如今，由萬華火車站往上生長的雙子星大樓，預期有近千名市府員工進駐辦公，以及未來飯店啟用後帶來的大批房客，被認為是市府中正萬華復興計畫的一大亮點。由於雙子星大樓的量體巨大明顯，是萬華人相當「有感」的公共建設，周邊店家殷切期盼能為當地帶來商機，但如果現在詢問店家或在地人，恐怕多數人還感受不到公共建設帶來的繁榮。

艋舺的答案

無論是貴陽街、剝皮寮或大理街，這三個街區各有不同的地方議題。值得我們思索的是，如今的艋舺被視為老舊社區，近年來想要改變這個地方的聲浪越來越高漲，而都市更新與公共建設，往往被當作這個問題的解答。

但是，在懷舊與新生這兩股力量的拉扯之間，究竟地方上真正的居住與生活需求是什麼？如何才能成為人們安居樂業的所在地？

這些更為根本的問題，需要仔細思考與討論，也將是這個時代的艋舺能貢獻給台北的答案。

無家者的從前與現在

萬華，台北的發源地。

這裡仍留有古早台北生活影子，像是高麗菜飯和排骨湯等令人飽到打嗝的早餐、街頭巷尾的傳統廟宇、盛大的青山王祭，以及老店傳承好幾代的精巧手藝。但是，曾經繁華的老城區也有不這麼光鮮的一面。隨著夜色低垂，龍山寺前艋舺公園，商店打烊後的走廊就有機會見到有人鋪起紙板席地而睡——這些人，是一些萬華人心中的難言之痛。

有人管他們叫「流浪漢」，也有人稱呼他們為「遊民」，比較友善一點的稱呼叫做「街友」、「無家者」。不管叫什麼，很多人心裡都有一個疑問：「為何這些人會聚集在這裡？」

唐山過台灣，心肝結歸丸

時間回到近三百年前，當時東南沿海地狹人稠，謀生不易，再加上台灣亟待開發，在一推一拉之下，許多年輕男子突破重重限制，孤身一人到台灣尋找機會。剛下船，新來乍到也無人可投靠，多半只能將就在寺廟走廊歇息。早期還有空地可以開墾，到了中後期已開發土地飽和，有些迫於生計成為盜匪，有的受雇成為莊丁保衛莊園或參與民變械鬥。這些羅漢腳也是臨時工的人力來源，如在農忙時幫忙播種收割、貨物進出港時碼頭的捆仔工、鋸木製材廠的料仔工等等。

淡水河畔上來往的船隻往來不歇，碼頭工人忙碌地上上下下搬運貨物，鄰近的木材及樟腦加工、販售處內工人正在加工中。行郊林立的艋舺，除了木材交易，更是米、糖、樟腦、茶葉的進出口重鎮，是北台灣的重要商業中心。充沛的工作機會吸引了羅漢腳群聚在此，遞補上人力的缺口也撐起了「一府二鹿三艋舺」的好光景。

有些羅漢腳把握機會，攢了一些錢逐漸能夠穩定生活。有些人沒那麼幸運，沒存到錢又因為受了傷或是年紀大了失去工作能力而無法翻身，只能仰賴養濟院、普濟堂等濟貧單位收容，或者以行乞維生。

在當時，行乞也是自成一個體系的。乞食可以選擇依附在乞食寮（乞丐收容所）之下成為「入寮乞食」，由「乞食頭」管理。乞食頭不像丐幫幫主，是由眾丐推舉而成，而是一般人的一種職業選擇。乞食頭平時並不會出去乞討，他們通常住在自有住所並不住在乞食寮內。從事這個職業最大的一筆投資是蓋一間乞食寮供乞食居住，乞食平時出外賣藝或乞討，晚上回寮歇息，每月都須繳納床租給乞食頭，除此之外，由於乞食須完全服從乞食頭的管轄，若有違規者，斷腳筋或甚至被懲戒至死都有可能。到晚清時甚至劃分區域，每區設置丐首並由官方發給諭戳，賦予懲戒眾丐之權。因此，店家或者有婚喪喜慶的人家會先打點乞丐頭，讓他約束眾丐不得過去滋擾。乞食頭通常收入優渥，擁有房產也有妻妾，也因為積蓄甚豐，多半還會兼營貸款或當鋪業務。

若沒有依附在乞食寮下則稱作「散乞食」，他們除了居無定所，在乞討時更需避開入寮乞食的注意以免被欺凌，可說是底層中的底層，食物鏈中的最下端了。

艋舺由於商業活動活絡，清代道光年間時先在艋舺設有兩所乞食寮，分別是龍山寺附近的頂寮和靠近河岸的下寮。大稻埕則較遲，至咸豐年間大稻埕建街之後才有。這些乞食寮都是私人設立，但官方都賦予這些乞食頭取締管轄的權力。侯德鐘在光緒年三十二年發表《乞食之狀況》的調查報告中，顯示收容人數最多的乞食寮是艋舺的頂寮，可見在清代時繁華的艋舺就已經是乞食聚集的區域。

打破乞食寮的制度

日治時期台灣總督府為了要消除台灣社會底層的貧民問題，在一九二一年擬定「社會事業計畫綱要」。當時任職在台灣總督府的施乾，受命調查台北地區乞丐問題最嚴重的艋舺。在調查過程中，他看見聚集在龍山寺的乞丐生活苦況，在一九二二年將自己的積蓄全數投入，在大理街上創辦了「愛愛寮」收容生活有困難的乞丐。

與乞食寮不同，施乾並不贊同以博取同情的乞討為生。他認為與其給予乞討者金援，不如將其轉為幫助乞丐獨立生活下去的經費。讓嗎啡中毒、有殘疾患病的乞丐獲得治療；還有工作能力的學會一技之長，轉換心境而能自立生活；失去工作能力的人也可以在此安養，免於淪落街頭。他希望透過還能勞動者自行養豬種菜自給自足、販賣工藝品所得補貼，降低整體社會投入救濟乞丐的成本。

施乾的事蹟在當時相當轟動，當時日本街頭上還可見乞丐流連，但在台北街頭卻已絕跡。總督府因此多次表揚施乾，連日本天皇都在一九三〇年召見，榮獲「御下賜金」。雖然如此，卻不足以讓愛愛寮完全無後顧之憂。所幸艋舺當地慈善傳統濃厚，每當愛愛寮遇到困難，地方士紳便會紛紛解囊助其度過難關。

雖然以現在的眼光來看，愛愛寮當時的一些手段如「捕入」（將乞丐強行抓進院內）和現在人權法治觀念有所衝突，但他同時也提出了和以往不同的方法，如以社會整體成本來衡量社會救助事業，將資源投入輔導而非像以往的乞食寮利用社會大眾的惻隱之心賺取乞食頭的最大利益，卻不一定有助於乞食脫離原本困境。不一樣的角度，讓他走出了另一條道路。

愛愛寮在二戰後因為資源短缺，只好逐漸轉型。在一九六一年停收乞丐，現專注在老人養護工作上。

戰後經過一段混沌動盪時期後，在一九六〇年代開始推動各項經濟建設，為接下來的一九七〇年代經濟蓬勃發展吹起了號角。台北也在一九六七年時從戰後的二十萬人口迅速成長到一百萬以上，突破了院轄市的門檻。

當時萬華正是繁華熱鬧的時候，印刷廠、建築工、水泥工、木工等各式工作機會都有，許多中南部坐火車上來打拼的勞工第一站往往都從臨時工市場開始。除了有名的台北橋下臨時工市場，在萬華廣州街和西園路一帶也有小型臨時工招募之處，他們一早會帶著畚箕鋤頭騎著機車或腳踏車來等工作。

除了中南部來的遊子，中興大橋在一九五八年完工後讓台北衛星城鎮如三重等地到萬華更加方便，大量勞工湧進萬華尋找工作機會，而台北也在這些無名英雄的默默貢獻下，蓋起一座座高樓成為現今的模樣。

艋舺的土會黏

繁華的萬華除了提供各式各樣的工作機會，也提供各式娛樂消遣，如茶桌仔、茶莊歌場、各式戲館、說書、賣藝人，甚至著名的寶斗里，讓外地遊子流連忘返，艋舺也成為他們的第二故鄉。

然而，如同前代的羅漢腳，有些人得以成功翻身，也有些因運勢不濟或個性使然，受傷生病或隨著年紀漸增而無法有穩定的工作機會，在錢財花盡後只能選擇露宿的生活。而近年來政府引進外勞、產業外移以及經濟風暴的影響下，工作機會大量減少更使此種狀況雪上加霜。

也許人在最落魄的時候，就會待在他最熟悉最多機會的地方。萬華百年來濃厚的慈善傳統讓當地有很多濟助單位幫助街友，所以萬華一直都有街友聚集在龍山寺附近，一來在這有打零工的機會，二來也容易拿到濟助物資。

龍山大飯店

公園落成前，龍山寺一帶的街友多半散居在騎樓或者市場收攤後的攤位。艋舺公園落成後，晚間成為街友露宿的集中地，還被街友戲稱為「龍山大飯店」。兩者相比，後者因為集中在公園露宿，視覺上的衝擊更大。

如果要以平均每平方公尺使用人數來評估公園的績效，那艋舺公園應該是數一數二好的。白天時多半為附近居民及各地來的老人家之娛樂場所，下棋、簽賭、抬槓或者去地下商場聽歌看電視。這裡是老人家的西門町，他們有共同的記憶和語言，不斷回到這裡尋找褪色的青春回憶。隨著夜幕低垂，公園裡的活動族群開始交班。有家的人時間消磨得差不多該回家吃飯去了；剛下工的街友也回到公園，三三兩兩打開行李準備歇息。

全能打工王

因為很多善心人士在這發便當，所以街友都跑到萬華？這也許是原因之一，畢竟顧肚子很重要；但萬華這裡的臨時工機會多，也是個重要的吸力。

什麼？街友不是都混吃等死？他們會去工作？

不說不知道，超過八成的街友是有在工作的，只是他們多半從事臨時工等非典型雇用工作，月收入平均約五千元上下。這樣的收入只能先顧肚子，住就別奢想了。

在街友界最夯的工作是派報舉牌，如果起得早，假日六點來到艋舺公園就可以見識到人潮聚集在廣場等工頭來點工。被點到的人準備上車到定點上工；沒被點到的只好自己想辦法打發這漫長的一天，順便煩惱沒錢要怎麼填飽肚子。

出陣頭也是他們可以大展身手的時候，除了有錢拿，連吃也不用煩惱，但要煩惱的就是體力撐不撐得住。有的廟會一早就出發，到半夜才入廟，對於露宿在外很難好好休息的街友們來說，是體力的一大考驗。

除此之外，諸多勞力雜工，如洗碗、打掃清潔、工地雜工等等，也是他們賺取生活費用的管道，但這些工作都相當考驗體力，也有一定危險性在（如工地雜工）；受傷了上不了工收入就斷了，勞工保障可說是付之闕如。

二〇〇三年萬華社工張獻忠開始把「以工代賑」擴大推展，由政府提供預算，地方（里長、政府機關等等）提供工作機會。將街友視作社區閒置的人力，開發這些人力進入社區，並讓他們可以改善生活。更期望能夠打破藩籬，將街友視為社區的一份子，讓社區共同協助其返回穩定生活。目前以工代賑因名額有限，因此以就業困難但又還無法得到福利身分的人為主。

二〇一〇年，來自於英國的社會企業《大誌》（The Big Issue）倡導「與其伸手要，不如舉手賣」（A Hand Up, Not A Hand Out），讓街友透過販賣雜誌的所得賺取生活費。近年來一些組織除了創造新的工作機會之外，更希望能藉此搭起一座橋樑，讓長期被孤立的街友族群得到更多人的理解。如「芒草心慈善協會」發展街友導覽「街遊 Hidden Taipei」，除了導覽員可以賺取收入，遊客也可以透過街友導覽員的導覽，了解街友的生命故事和他們眼中的萬華風光。「起家 Kige」則組織尚有技藝的弱勢師傅承接修繕案件，同時也免費為弱勢戶修繕。「人生百味」透過街賣計畫希望讓街頭變得更友善，「夢想城鄉」的木工體驗以及在地導覽讓弱勢經濟者在這些活動中重新找到自己的位置。

被留下來的人

繁華的老艋舺自開港以來，提供了很多工作機會，也讓大量勞動人口懷抱著艋舺夢來到這裡，因此遊民（街友）存在已久，這也是所有繁榮大城市都會面臨到的問題。當產業外移、貧富差距越來越大、越來越多工作被科技所取代，就會有一群人被留在後頭。

也許有一天，你我就是那群被留在後頭的人。

艋舺青山王遶境與爐主傳統

每年年底某幾天，我的臉書上總會出兩種對立的訊息。一種是抱怨已經到了午夜，為什麼外面遶境隊伍還不斷放鞭炮、製造噪音與污染，根本無法入睡。另一種則是不斷傳來各路軒社、炮竹煙火照片，或是通報尊王聖駕已經到了哪個地區。

這是萬華區每年最重要的地方盛事「艋舺大拜拜」，或稱「艋舺青山王聖誕」，連續三天的遶境活動走遍整個萬華地區。

然而，住在萬華地區的朋友們，卻對青山王遶境有著不同的態度，也呈現出台北人對於傳統民俗活動的歧異觀點。

青山宮的由來

把時間拉回到數百年前，有句俗諺「六死三留一回頭」，意思是到台灣發展的漢人，十人中有六位死在黑水溝（台灣海峽），只有三位能留在台灣發展，剩下一位選擇回到家鄉。於是漢人移民多把家鄉神明帶至台灣，祈求航海順利或諸事平安。每個漢人聚落都會有幾間重要的大廟，如北港朝天宮、大甲鎮瀾宮、大龍峒保安宮等等，代表漢人與原鄉之間的連結。人們的生活場域以廟宇為同心圓擴散，不管是地方政治、經濟生活都深受神明祭典影響，只要瞭解聚落最重要的神明信仰來歷，多可斷定居民是由哪個個地區移民而來。

位於貴陽街上的艋舺青山宮是艋舺三大廟之一（其他二座為艋舺龍山寺、艋舺清水巖），祀奉的青山王相傳是三國時期孫吳的部將，本名張梱，派駐福建泉州惠安地區，因受地方愛戴，死後於縣衙立壇祭祀，後棺木牽至青山，建廟青山宮，故名青山王，又名靈安尊王。一八五四年艋舺地區發生瘟疫，在艋舺定居的泉州惠安人士迎請家鄉靈安尊王至艋舺。相傳尊王經過西園路時，神輿就無法前行，並指示就地建廟，因此一八五六年於現址建廟，一九八五年公告為國定三級古蹟，目前為直轄市定古蹟。

由於青山王具有司法及驅疫神格，巡視地方、驅邪避瘟，故從建廟之後即有小規模遶境，逐漸演變為艋舺地區最重要的遶境活動。

日治時期《台灣日日新報》對於青山王迎神賽會有多篇報導，「……首尾延長不下數里。通過須一時間餘。詩意閣五十餘閣。蜈蚣閣三閣。……人員之多。不減稻江五月十三。城隍賽祭……」（一九一四年十二月十一日），記錄當時的盛況數十藝陣參與，足以媲美大稻埕台北霞海城隍爺遶境祭典。

艋舺大拜拜

遶境又稱為迎神賽會，「境」指的是神明的管轄範圍，遶境即是神明巡察其轄境，而遶境及相關活動是以「博爐主」方式決定祭典的頭家、爐主；由頭家、爐主集資負擔祭典所有費用，恭請神明出巡，以消除邪魅、安定人心。此外，頭家、爐主會在自家設置神壇、香案接駕。因此，「遶境」代表著廟宇信仰與地方生活的緊密連結，早期許多地區迎神賽會時，地方居民會放下手邊工作，誠心參與祭典，並準備宴席邀請外地親朋好友前來。

每年農曆十月二十三日是青山王誕辰，當日是為艋舺大拜拜，地方家戶皆會宰殺牲畜，在騎樓、路邊辦桌招待親友客人「吃拜拜」。台北各地民眾陸續湧進艋舺，警察需協助進行

青山王暗訪（攝影：邱翊）

交通管制，全盛時期估計超過三十萬人。祭典結束後當日，在神明前擲筊選出次一年度的爐主一人、副爐主兩人及頭家數十人，出資準備次年度的遶境活動。

目前青山王祭典仍是台北市內最重大的迎神賽會之一，農曆十月二十、二十一兩日進行暗訪，二十二日則為正日遶境。遶境範圍從日治時期的艋舺，逐漸擴大至北邊西門町、南邊加蚋仔，走遍整個萬華地區。信徒相信青山王巡視至自家，可驅邪避凶。故每年遶境路線除了必須經過爐主、頭家紅壇，還得安排地方角頭宮廟擺設的香案，經過一番地方角力才能決定路線。

尊王駕前護衛

由地方人士組成的陣頭、軒社，更能呈現祭典的地方參與意涵及生活特色。艋舺青山王遶境時，必定有駕前護衛：義安社、義英社、鳳音社及青山宮八將團。八將團是由地方還願將腳慢慢組成，由枷將軍領頭四位紅臉譜將軍，鎖將軍則帶領四位綠臉譜將軍，手持各種刑具，中間有一位兒童手持葫蘆擔任引路童子；青山宮八將團成軍以來從未改變過臉譜、刑具。一九二一年西門市場（今西門紅樓）的肉販商四大金剛組成義安社，恭塑「謝大爺」、「范二爺」傳承至今，義英社則是西門市場魚販所組成，有三對范謝將軍，鳳音社則有文武判官、陰陽司、增祿司神將四尊，三個社團皆有北管樂團，與其神將團共同出巡。

日治後期，台灣總督府於一九三四年提出「統一祭典」的倡議，將日期相近的廟宇祭典集中辦理，皇民化運動開始實施「寺廟整理」、「禁鼓樂」政策，台北霞海城隍、艋舺青山王等傳統節慶活動被禁止，台灣寺廟快速減少了三分之一。

戰後，戒嚴時期政府政府擔心祭典人潮可能引發動亂，一九五二年頒布「改善民俗綱要」，一九五三年台北市政府進一步規定除了中元普度之外，台北市各廟宇只能舉辦春秋兩次統一祭典，一九五八年甚至規定台北市各區僅能統一一日舉辦祭典。甚至，一九七〇年限制僅有七位主神能舉辦祭典，包括保生大帝、媽祖、霞海城隍、青山王等等，於是台北廟宇祭典逐漸減少，遶境規模式微，也連帶影響相關產業，如神轎神將製作、香燭金紙、糕餅等行業。

目前台北最重要的三大迎神賽會：大龍峒保安宮遶境活動，因各祖力士會的神輿燒毀而停辦遶境三年，近幾年多以定點民俗藝演形式舉辦，尚不知是否會恢復。台北霞海城隍廟由地方仕紳組成的祭典協會已經停止運作，改由廟方三年辦一次遶境。僅剩艋舺青山宮仍保有「博爐主」的習俗，由地方人士出資舉辦遶境活動。

無形文化資產的保存

二〇一三年某日，我們突發奇想是否可以舉辦遶境導覽，帶著人們感受台北祭典氛圍、認識民間信仰，於是邀請廟會部落客尹德根，於台北霞海城隍祭典時，第一次舉辦暗訪遶境導覽，有十餘位民眾參與。第二年再次舉辦獲得熱烈迴響，將近百人報名參加，特別邀請台灣民俗研究學者謝宗榮老師帶領。其後我們陸續舉辦新莊大眾廟、台北靈安社及艋舺青山宮遶境導覽。二〇一六年歲次丙申，艋舺青山王兩日暗訪，台北城市散步所舉辦的遶境導覽總共七團、一百六十六人次——顯示台北人想要探索屬於台北的祭典，但也代表過去台北人對於這座城市文化脈絡的冷漠。

某次導覽大稻埕時巧遇準備進慈聖宮參拜的陣頭，團員多是住在台北的年輕人，大家好奇地在廟前圍觀，記得當時有兩個人問我：「大仙尪仔身上串著的餅是什麼？」

那是掛在神將身上一串的鹹光餅，代表神將出巡時所準備的軍糧，將分送給沿途居民，吃了就可保平安。這是我小時候最開心的回憶之一，因為「看鬧熱」時，總會期待拿到鹹光餅，大飽口腹之慾。但對今日多數台北人來說，這卻是陌生的民俗特色。

其實台北各地區都有遶境活動，例如：現今地價最貴的大安區，在從前農業時代是泉州安溪移民的所在，並由十二甲、龍安坡、六張犁等五股庄頭，輪流舉辦保儀尊王保儀大夫遶境；台灣電影公司在一九五九年拍攝的影片中提到「台北市大安區的民眾舉行五年一度的大拜拜，慶祝保儀大夫的誕辰。……有些人特地以自己圈養的豬公祭祀神明，……三百多頭又肥又大的豬公成為祭典中的寵兒，……參觀的民眾人山人海，看看這個場合，相信比選美會還熱鬧。」今日台北市大安區居民生活已經與此祭典脫節，我相信多數人並不知道這個遶境活動，也很難想像在台北人口密度最高的地區有如此壯觀的祭典——二〇一六年輪到十二甲股主辦祭典，僅剩三頭豬公，隨時都有可能停辦。

數十年來，台北城市的擴張逐漸消除以信仰為核心的地方脈絡，社區、里鄰取代傳統社群，於是城市生活與地方信仰逐漸脫節。戰後學校教育內容更偏離台灣地方歷史文化脈絡，人們所學習的知識與自己家鄉脫節，於是逐漸忘記那些曾經盛大的台北祭典，也不了解「遶境」活動這類無形文化資產的重要性。

屬於萬華地區最重要的「艋舺青山宮暗訪暨遶境」已登錄為台北市民俗文化資產，遶境前導的頭燈上書寫五位神明：靈安尊王、觀音佛祖、清水祖師、天上聖母、保儀大夫，則代表艋舺龍山寺、艋舺清水巖、台北天后宮等參與祭典。祭典期間行經萬華，可見到人們沿路搭設香案、紅壇，等待迎接青山王的到來，表達神明與信徒之間的深刻聯繫。

相較於大甲媽祖遶境，我相信多數台北人仍不知道艋舺青山王祭典。然而午夜燃放的鞭炮與北管樂聲，的確嚴重影響居民生活安寧，也讓人不支持傳統民俗活動。有人主張為了保存文化資產和信仰，請大家忍耐三天，但這對沒有青山王信仰的居民並沒有說服力。

或許，有一天，台北只剩下艋舺青山王這個大型祭典了。

期待台北人能消除歧見，逐步拉近不同觀點，有更多人參與青山宮遶境活動，讓此一重要無形文化資產繼續舉辦。

參考資料：

《迎神在台北》台北市文獻委員會，二〇一三年
《八將》呂江銘著，一九九五年
《台灣的民俗信仰與文化資產》謝宗榮著，二〇一五年
《民俗慶典活動與集體記憶的探討──以艋舺青山宮為例》陳雅芳論文，台北市立教育大學歷史與地理學系碩士班，二〇〇〇年

在這城市的人：引路童子

每年的農曆十月二十三日是萬華青山宮主祀靈安尊王聖誕，在此前夕，連續三天都會有遶境活動，其中最引人注目的隊伍，則是最後壓陣的青山王神將隊伍中的駕前八將團，八將團由從神駕視線看出去左方的四位綠臉大將，與右方的四位紅臉大將，以及中央一位手持象徵燈的葫蘆，替八將們指路的引路童子，共九名成員組成。

艋舺青山宮特別之處在於歷年來的引路童子都由孩童來擔任。眼前戴著眼鏡，臉龐白白淨淨、稚氣未脫的梁韶甫，正是從小學一年級開始，連續六年擔任青山宮八將團遶境的引路童子。在與韶甫父母電話約定時間時，爸爸說，要問一下媽媽哪天晚上韶甫沒補英文，後來才約了週四晚上，在內湖家附近的一間麥當勞。

——原來引路童子和一般小孩沒什麼兩樣，也是要補習顧課業呀！

因為這次採訪而有機會喝可樂的韶甫顯得很開心，但一開始面對陌生人還是很害羞，不時貼在爸媽耳邊說悄悄話。直到採訪進行了將近一小時，終於跟我說了一個小秘密：今年遶境的時候蹲破了一件褲子。

這才知道，以韶甫的年紀來說已經算是「老童子」了。以往童子最大年紀也都在三、四年級左右，同樣一套衣服從需要滿滿別針來固定的一年級，到六年級時已經非常合身，在遶境隊伍裡常常需要久站等待，今年有天因為前面隊伍走太慢，實在站著等太久了，於是蹲下來稍作休息，沒想到這一蹲褲子也從下襠唰的一聲，破了。「好險是在看不到的地方。」想起這件糗事，他笑得有點害羞。

連續三天的遶境對小孩來說體力負荷極大，加上天氣也從來不宜人，每年總是碰到下雨，童子戴的帽子沒有帽沿，雨水順著髮際滑下，即使流到眼睛還是要忍耐不能用手去擦，否則好不容易畫好的臉譜就花了。體力、雨水不是唯一挑戰，圍觀者的大砲相機每一次伴隨強烈閃光燈的快門更時常讓他眼冒金星，曾經也被噴炸的鞭炮炸到臉頰，但這些絲毫沒有澆熄韶甫想當童子的心。「平常生活離不開眼鏡的他，竟然可以在遶境的時候連續三天都不戴眼鏡。」媽媽用一句簡單易懂的話讓我們知道韶甫有多熱愛他的這個任務。

第一年擔任童子時他就發揮驚人的毅力，三天都走完全程，媽媽看見韶甫每天累得眼睛睜不開，總心疼地在睡前問，明年我們不要走了好不好，迷糊之間他回答好，但隔天又堅持要再走。

「我也不曉得他的毅力怎麼來的，但他想做，我們就支持。」媽媽說。

就這樣走了三四年，走到已經沒有這麼大年紀童子的紀錄，每年他們總是擲筊問青山王，韶甫還能不能當童子？結果就一路當了六年，現在還有一群每年為了他而去參加遶境的粉絲們。

這六年來韶甫在學校只跟幾個比較親近的朋友分享，因為父母告誡他不要任意在學校模仿八將的動作、腳步，一方面不曉得其他人是否能欣然接受這樣的傳統文化信仰，而不是將這樣的活動與「流氓」、「不是好人家」畫上等號，一方面也尊重不同信仰的同學。聽他們如此誠實道出心境，不難想像父母內心的壓力。

二〇一六年大概是他最後一次以童子的身分遶境。爸媽說這幾年已經不斷給他「心理建設」，隨著年齡愈來愈大，遲早要卸下童子的任務了。

問到印象最深刻的事，爸爸比他先噗哧一聲笑出來。原來今年走到他最期待的龍山寺時，由於時間太晚，龍山寺廟門已關。本來三天的遶境有兩天會經過龍山寺，引路童子先開路，走到廟門後，再引八將走過來，這一段時間算是童子獨秀的機會，大家總跟韶甫說，「這是你的場子。」最後一年錯失表現機會，雖然失落，但他也笑笑接受。

「他已經是八將的儲備團員了。」同樣是八將團一員的爸爸說。

「幾歲可以當八將？」我問。

「看身高。」韶甫搶答。

「最少也要十八歲啦。」爸爸補充。

或許因為總是看著幾位八將的身影，讓小小韶甫內心覺得只要長高一點就可以當八將了，純真想法讓人莞爾一笑。

傳統習俗隨著時代改變，總是容易被冠上汙名如「擾民」甚至「落後」。看著眼前這個三人組成，最平凡也最美麗的小家庭，希望有一天，韶甫的爸爸媽媽可以放下心中的大石，韶甫可以自在一點與朋友分享當童子以及未來當八將的事。

大稻埕很重要

「你對大稻埕的印象是什麼？」

這是我們在大稻埕導覽開場時常問的問題。迪化街、年貨大街、茶葉是一定會出現的答案，但導覽後所有人都會對大稻埕有新的認識。

我向別人介紹自己住在大稻埕時，常會得到回應是：「你是田僑仔、好野人。」實際上我家只是經營雜貨店，自從便利商店開在路口之後，雜貨店只能結束營業。

從以上兩個例子，不難發現這是一般人對於大稻埕的刻板印象。當我們層層剝開大稻埕，探究不同時代發生的事情——大稻埕為什麼變成現在的樣子就越來越明朗。

大稻埕碼頭延續至今

看台北盆地的發展史，艋舺位於三河交會之處，一七二三年即有泉州三邑人居住的紀錄，取代新莊成為台北盆地的河運中心。大稻埕直到一八五一年才開始有泉州同安人居住，一八五三年開港貿易。今日新莊、艋舺已無碼頭船運，大稻埕則仍有碼頭設施與定期船班。大稻埕比艋舺、新莊晚了一百多年才開港，從地理條件來看也不在河運交通樞紐，為何會超越艋舺、新莊而延續至今？

記得以前國立編譯館的歷史課本這樣寫，「艋舺因淡水河淤積，被大稻埕取代。」課本以河道淤積簡單帶過，但歷史不是這麼簡單，隨著史料陸續被發掘，我們越來越清楚那段被省略的歷史。

像是《清代台灣港口的空間結構》寫到，「光緒十五年（一八八九年），北部茶葉達到空前盛況，大稻埕也最殷繁華，……舉凡洋行、行郊、鹽館、倉儲等商業設施，一應俱全，於是市況逐漸凌駕艋舺。次年，原設艋舺的茶釐局也改移大稻埕。」

茶葉貿易與洋行設立

平埔巴賽族之一的族奇武卒社（或稱圭母卒社）居住今日大稻埕地區，而最初居住的漢人公設一個曬穀場，故稱此地為「大稻埕」。一八五一年同安人林藍田從基隆移居大稻埕，興建三間街屋。一八五三年艋舺發生頂下郊拼事件，同安人不敵三邑人，在族長林右藻的帶領下，落腳大稻埕開港貿易，開設復振、復源、復興三個商號經營南北貨貿易。

一八五八年清朝與西方各國簽訂天津條約，台灣成為開放通商口岸之一，各國正式進入台灣經營貿易。英國人杜德（John Dodd）發現台灣茶葉品質極佳，又無人投資，在廈門人李春生協助下，杜德引進安溪茶至台灣北部種植。他原本一八六八年時在艋舺租屋，計畫設立茶葉精製廠，但艋舺地方家族擔心影響其利益，結合官府力量，毆打洋行員工，迫使杜德離開艋舺，轉往大稻埕設置茶廠，此事被稱為「租屋事件」，翻轉艋舺與大稻埕的發展。

次年，杜德將兩艘帆船的台灣茶葉，行經印度洋、蘇伊士運河、地中海、大西洋，繞過三分之二的地球，將這批「Formosa Oolong Tea」運至美國紐約銷售，史無前例的創舉打開台灣茶葉的國際市場。台灣茶葉品質優良、利潤豐厚，於是吸引洋商來到大稻埕設立據點，包括德記、怡和、和記、水陸、利華、美時等洋行，而美國、德國、荷蘭等領事館也陸續設立。一八八〇年代首任台灣巡撫劉銘傳命李春生與板橋林維源兩人出資興建建昌街、千秋街（今貴德街），出租給洋行、使館以便於管理洋人。

大稻埕的城市概念

台灣鐵路的發展史，也可看到大稻埕的重要性。

一八八七年清朝開始興建台灣鐵路，此條鐵路從基隆至錫口（松山），再到台北、桃園、新竹，當時鐵路以貨運為主，位於大稻埕的第一代台北車站，就被命名為「大稻埕火車票房」，於是大稻埕成為具備河港及鐵路運輸的重要貿易城市。

進入日本時代，為了讓大稻埕貨物快速運至淡水港，日人拆除清代鐵路用於興建北淡線鐵路，同時興建第二代台北車站，但仍保留大稻埕站作為北淡線的起點，直到一九三七年廢除改建為赤十字病院（今日中興醫院）。

清代尚未形成「台北」概念，大稻埕、艋舺、台北城三市街各自獨立發展，大稻埕其實就是一座城市。一八九八年日本時代的統計，大稻埕人口三萬一千五百三十三人，僅次於台南四萬七千二百八十三人，是台灣第二大都市，而艋舺是二萬三千七百六十七人。一九〇〇年代日本人開始進行「市區改正」，將清代曲斜道路拉直、拓寬，並開設多條新路，把大稻埕、艋舺、台北城、大龍峒等各個聚落連結在一起，形成今日台北市的雛形。

台北迎城隍

「叮噹噹鼓聲做頭前，陣頭迎過來，也有弄龍也有弄獅，滿街路鬧猜猜，……啊，北部最出名的台北迎城隍爺……」已逝的音樂人葉俊麟老師於一九六六年創作的台語歌曲，歌詞敘述霞海城隍爺祭典。其中陣頭、信眾簇擁城隍老爺出巡時的熱鬧畫面，是台灣唯一一首描繪廟宇祭典的歌曲，許多長輩仍記得這首歌。但今日多數台北人知道大甲媽祖遶境，卻可能不曉得台北迎城隍曾與北港迎媽祖齊名。

一八二一年霞海城隍爺來台，初落腳於艋舺八甲庄，頂下郊拼事件後由同安人帶至大稻埕，並於一八五九年建廟完成。

因茶葉外銷貿易興起，大稻埕穩坐台灣北部最重要的商業及貨運中心，為感念城隍老爺的庇佑，廈郊金同順於一八七九年發起第一次的遶境活動。日治時代擴大組成祭典委員會，進一步增強霞海城隍祭典的影響力。一九二六年六月二十二日《臺灣日日新報》記載「稻江城隍祭典行列，例年進香參拜者亙全島，鐵道部豫料觀客擁擠，自二十一日至二十三日三日間，特別增發臨時列車……」為了讓更多人參與台北迎城隍，鐵道部特別加開列車載運信徒至台北，盛況不輸今日的大甲媽祖遶境。

戰後，縱使政府壓抑民間祭典，台北霞海城隍爺祭典影響力依舊。一九五七年六月十一日《聯合報》：「昨日是農曆五月十三日，台北市延平、大同、建成等區，有數十萬市民為霞海城隍爺誕辰舉行大拜拜，消費達二千萬元，治安機關為維護治安及疏導交通，昨晚曾出動大批憲警入員戒備。」

此外，一九五九年六月十八日，台北市議會議長張祥傳突然宣布休會，理由是建成區、延平區議員均將參加霞海城隍大拜拜，議長自己擔任籌備會主委，因此大會暫停一天。

可見大稻埕在台北的重要性。

我愛迪化街運動

一九七二年，台北市政府執行「萬大計畫」，指的是萬華及大龍峒兩個老街區的都市更新。當時市政府認為拓寬道路、打通巷道、拆除違建、興建國宅等等，可改善庶民生活。然而實際執行的結果，卻是大龍峒具有兩百年歷史「四十四坎街」被拆除，萬華新開闢的萬大路和西園路打破原有聚落的街道紋理，使得文化脈絡與社群連結逐漸消失。相較之下，大稻埕是幸運的。

一九七七年，台北市政府提出「變更迪化街寬度案」，將迪化街由七點八公尺拓寬為二十公尺，引發歷史街區保存的議題。當時訪查大稻埕地主，多數人認為應該拆除老屋、拓寬迪化街，但支持保存的樂山基金會於一九八七年發動「我愛迪化街運動」，投書媒體、製造輿論，並邀請林衡道老師以導覽方式帶領民眾認識迪化街。一九九五年，甫上任的台北市長陳水扁決議維持迪化街寬度不變。二〇〇〇年，公告「大稻埕歷史風貌特定專用區計畫」，以容積獎勵方式鼓勵地主保存大稻埕老屋，於是今日我們才有這塊兼具歷史建築、古蹟，以及傳統產業特色的大稻埕街區。

為什麼我們忘了大稻埕？

現在的台北人可能很難想像，直到一九八〇年代，大稻埕依然是台北最重要的商業中心，而且人口擁擠。台北市政府為了疏解西區的商業擁擠，開始規劃「信義計畫區」，目標是設置新市政中心與次商業中心，增進東區繁榮、居民都市生活便利，以及平衡台北市東西發展。

一九八四年，忠孝東路上的統領百貨開幕。一九八七年，太平洋SOGO百貨、明曜百貨陸續開幕，帶動東區商業消費。一九九〇年台北市議會、一九九四年台北市政府牽至信義計畫區，百貨公司、辦公大樓在信義計畫區陸續興建，台北人口移往東區，於是人們漸漸忘了大稻埕及其對台北城市發展的影響。

台北市政府為了振興大稻埕商圈，一九九六年開始舉辦「年貨大街」，吸引民眾於年節前至迪化街採買，反而成為今日多數人對大稻埕的刻板印象。

連課本上也只有寥寥數語帶過，像是台灣國中一年級上學期社會課的內文（康軒版本），關於大稻埕的介紹非常少不外是「一八六〇年代，淡水開港，此時艋舺旁的河道逐漸淤塞，加上居民排斥外商，於是大稻埕逐漸取代艋舺，成為北部物資集散中心。」或「淡水河岸的大稻埕是茶葉的加工與集散地。」或「以臺北大稻埕為中心，開築南北向的鐵路。」

如果學校、家長沒有補充，台北的孩子沒有什麼機會可以認識大稻埕或是台北。

用導覽推動城市文化

許多人喜歡參加步行導覽來認識台北，這歸功於過去許多人的努力。

一九八八年「我愛迪化街運動」，林衡道老師以導覽方式帶民眾認識大稻埕。一九九七年六月，台北霞海城隍廟獨力舉辦「大稻埕逍遙遊文化資產巡禮」，以「在地人疼惜在地人，承續地方文化香火」的概念，每月舉辦兩次免費導覽，讓民眾認識大稻埕，目前由莊永明與葉倫會兩位老師帶領。蔣渭水基金會執行長蔣朝根老師在大稻埕經營 URS27W 都市再生前進基地，近幾年帶領「蔣渭水行跡」導覽，走訪蔣渭水在大稻埕的重要地點。二〇〇六年由水瓶子及友人成立「圓環文化工作室」，舉辦台北各街區步行導覽。二〇一二年我以圓環文化工作室的名義開始舉辦中日語大稻埕導覽，啟發我之後於二〇一四年創立「台北城城市散步」，並於二〇一五年開始每週末舉辦大稻埕收費導覽。

認識自己的文化、認同自己的身分，才能讓社會找到對的方向。文化資產教育，關係著人們對文化的自信心。

數十年來，因有前人的努力，透過導覽或推動文化資產保存，台北城市散步團隊才有機會發展出收費導覽商業模式，也期待我們持續發揮影響力，讓更多人認同、參與文化資產保存。

參考資料：

《清代台灣港口的空間結構》，林玉如
《清季臺灣開港前後英商杜德與寶順洋行的崛起（1850-1870）》，黃頌文
《清末北台灣茶葉的貿易》，劉至耘
《台北市大稻埕霞海城隍廟遶境之研究》，呂建鋒
《台北霞海城隍廟建廟一百五十週年的暗訪和聖誕遶境》，李秀娥
《行銷年貨大街——新節慶的創造與迪化街的轉變》，張又文

大稻埕文創產業：從以前就有了

台南的古都保存再生文教基金會，二〇〇六年創辦雜誌《路克米》觀察紀錄台南的在地生活，並在二〇〇八年發起第一屆「老屋欣力」活動，以「常民生活場域的文藝復興」作為口號，串聯十九處民間老屋活化案例，宣揚老屋與台南的生活，於是掀起近年台灣各地老屋再生風潮。

年輕人發掘各地破敗老屋或改造自家老屋，甚至組成團隊活化老街區，如台中舊城區、高雄哈瑪星等等。公部門整理閒置工廠、園區委外經營，如台北華山藝文特區、花蓮鐵道文化園區等等。政府甚至推動政策，協助媒合公部門與私人企業，如台北老房子文化運動、老屋新生大賞等等。

以老街、老屋為名的觀光景點在台灣各地不斷出現，也成為台灣人國內旅遊的重要景點。

這一波老屋風潮，大稻埕也未缺席。二〇〇〇年「大稻埕歷史風貌特定專用區計畫」頒布後，因獎勵容積政策吸引屋主將老宅翻新，並且仍依原樣重建，使得大稻埕整修老屋或新建空屋成為台灣老屋風潮的熱點。

二〇一〇年開始已有幾個工作室進駐大稻埕，如角斯角斯、詩意的是Poete i、意思意思Nostalgic Future等等。台北市都市更新處所推動的「都市再生前進基地」第一個空間URS127也在當年開幕，由淡江大學建築系經營，後續共有五個URS空間。隔年小藝埕開幕，以日治時代屈臣氏大藥房的街屋空間，聚集印花樂、爐鍋咖啡、思劇場等數個品牌共同經營，接著福來許、知貳茶館、老桂芳、眾藝埕、花生騷、銀絲卷等各式新型態的商店出現在大稻埕，且增加的速度越來越快、數量越來越多，讓大稻埕幾乎與文創畫上等號。二〇一五年《Shopping Design》雜誌將大稻埕選為台灣文創街區第一名。

從前從前的文創產業

多數人對於大稻埕傳統店家的印象是中藥、南北貨、茶葉、布行等等，而以老屋或新經營模式的咖啡館、餐廳、賣店、茶館、酒吧、旅宿、私廚，則被台灣人視為「文化創意產業」，因此近幾年大稻埕新開設的店家多被歸類為「文創」，其中最多的是咖啡館和餐廳。

我的印象中，大稻埕地區平均每個月會開一間新的咖啡館。其實，對大稻埕來說，咖啡館並不是什麼新奇事物，因為第一間台灣人開的咖啡館就在大稻埕。

日本統治時代，台北城內、西門町是日本人的商業娛樂市街。日本人在一八九七年的西門外開張了第一間咖啡館「西洋軒」，而一九〇八年開幕的台灣鐵道飯店附設喫茶店提供咖啡飲品，一九一二年台北新公園（今日二二八和平公園）旁也開設一座大型咖啡館 Cafe Lion ——台灣仕紳也在風潮中逐漸體驗到咖啡這項新飲品。

當時大稻埕太平町（今日延平北路一、二段及周邊區域）則是台北本島人的市街，各種新式消費性商店多在太平町。一九二四年，大稻埕知名酒家東薈芳另設如意食堂，菜單上出現「咖啡茶」的飲品。一九三一年，《台灣新報》記者楊承基，於太平町開設維特咖啡 Cafe Werther，是第一個以 Cafe 為名並且由台灣人開設的咖啡館。初期單純提供飲料服務，許多文人雅士在此聚會，但仍因生意清淡，隔年轉型為女陪侍服務的酒家，戰後改名為萬里紅公共食堂，最後成為大名鼎鼎的黑美人大酒家。

曾經在維特咖啡工作的廖水來先生，一九三四年創立波麗路西餐廳，是第一間台灣人所開設的西餐廳，除了咖啡、牛排之外，鴨子飯和牛尾湯讓大稻埕人念念不忘，而最津津樂道的是年輕男女被安排至波麗路西餐廳相親，成為人們懷念的約會聖地。不過，更早之前大稻埕就有西餐料理了。一八八〇年代為了管理在大稻埕經商的洋人，台灣巡撫劉銘傳召集李春生、林維源興建的建昌街、千秋街（今日貴德街），提供洋行與各國領事館使用，並開設稅關、電報學堂等等，並於大稻埕河岸設置「大稻埕外國人俱樂部 Twatutia Foreign Club」，讓在大稻埕生活的外國人享有西餐料理。一八九五年日本接收台灣後，大稻埕外國人俱樂部仍持續經營，台灣總督乃木希典、兒玉源太郎皆曾在此舉辦宴席，招待於大稻埕的各國領事，如美國、德國、荷蘭、英國等等。

不只是咖啡館、西餐廳，還有許多新的事物在大稻埕發生，像是：

一八八〇年，建昌街與千秋街（今日貴德街）成立電報學堂，架設電線竿。

一八九六年，李春生在建昌街裝設第一台製冰機。

一九二四年，永樂座開幕，是間擁有一千五百個座位的大型劇院。

一九三〇年，第一間台灣人開設的舞廳「同聲俱樂部」在日新町（今日重慶北路二段）。

一九三二年，文聲曲盤公司在永樂町（今日迪化街）開幕，製作黑膠唱片。

一九三三年，永樂座經理李臨秋與日新公學校（今日日新國小）音樂老師鄧雨賢，共同創作名曲「望春風」。

一九三四年，義美食品在太平町開設第一間店。

一九三五年，第一劇場配有台灣第一個旋轉舞台設備，並裝備冷氣機，而日本的森永糖果在第一劇場一樓設置店面。

一九四二年，大頭金來鼓亭成立，是台灣最早遶境開路鼓亭。

一九五二年，阿瘦皮鞋在延平北路二段開設第一間店面。

一九五六年，於城隍廟前起家的泉記糕餅店進入牛乳市場，後改名為光泉牧場。

一九五八年，遠東戲院開幕，擁有一千七百個座位，號稱全台灣最大的戲院。

一九七〇年，大千百貨開幕，由當時的影歌巨星楊麗花剪綵，有化妝品、手錶、家電、女裝、婦嬰用品等等。

一九七六年，高峰百貨批發公司開幕，以批發價供貨給雜貨店等零售業者，是台灣第一間量販店。

大稻埕的興盛與轉變

以前的大稻埕為什麼會有這麼多新奇事物、消費娛樂活動？

近幾年，我們進行「大稻埕一百個微笑」採訪計畫，總共完成七十間大稻埕店家的訪談紀錄，產業包含各種傳統商行及新創店家，受訪者包括第一代創業者到第二、三代傳人，加上相關史料搜集，逐步認識過往大稻埕產業發展概況及現況。

雖然大稻埕因茶葉興起，且廣為人知，但實際上大稻埕第一間店鋪是南北貨生意。福建泉州同安人林藍田原居住基隆，一八五一年帶領家族移居大稻埕，興建三棟閩式街屋（今日迪化街一段154、156、158號），並開設商號「林益順」，是大稻埕最早的街屋及商號。一八五三年，艋舺頂下郊拼事件後，林右藻帶領帶領大批同安人定居大稻埕，開港通商，設立「復振」、「復源」、「復興」三間店鋪，經營南北貨貿易。

什麼是南北貨買賣？即是各種食材、罐頭、醬料、酒類、乾貨等的買賣，商人搜羅各地貨物進口銷售，或是將本地貨物外銷至海外，即是今日貿易商。

一八六八年，英商杜德與李春生開設第一間茶葉工廠後，帶動大稻埕的整體貿易發展，南北貨商行也隨之興起。在尚未由便利商店、超市、量販店的時代，人們到雜貨店購物，而台灣北部各地雜貨店主，多是到大稻埕向南北貨大盤商批貨。大稻埕全盛時期約有一千六百多家南北貨商行，可說是一個超級大量販店；義和蔥蒜行柯順耀先生說還曾供貨給宜蘭的客戶。早期中藥藥材由南北貨商人帶貨，後因藥材需要專業人員炮製、判斷品質，才逐漸從南北貨分開經營。

大稻埕另一個重要紡織成衣產業，最初起源於布料進口買賣，縫製成衣則起於許多福州師傅來台灣發展，日本時代即有許多洋服店銷售西裝。戰後，國民政府以美援資金，鼓勵民間購買美國棉花，利用台灣便宜的人力發展紡織和成衣輕工業，大稻埕部分布商由買賣轉投入紡織製造或成衣生產。大稻埕因優越的貿易流通優勢，以及鄰近台北車站，因而台灣中南部紡織廠、大陸上海幫或山東幫紡織廠，如台南紡織、新光紡織、中和紡織等知名企業，都在大稻埕設立銷售據點，供貨給中小型成衣工廠，衍伸出布料批發、服飾材料、化學原料等產業聚落，吸引彰化、台南兩批城鄉移民來大稻埕創業，全盛時期至少超過五百間布商。

清代、日治及戰後初期，茶葉外銷是台灣主要外匯來源。一九五二年，臺灣農戶高達百分之十九是茶農。北部茶農將茶葉運至大稻埕茶廠烘焙成熟茶，並且外銷。一九七〇年代台

有記名茶焙籠間（攝影：邱翊）

灣外銷轉以工業產品為主，茶葉外銷比重下降，但茶葉外銷達到最高峰，每年仍有出口兩千萬公斤左右，直到一九八〇年代國際茶葉市場轉變，台灣茶葉出口逐漸走下坡，影響大稻埕茶商的規模，茶葉由外銷轉以內銷為主。

一九八七年至一九九〇年左右是大稻埕轉變的關鍵。一九八七年，台幣大幅升值，對美元由1：40快速升至1：25，不利於紡織成衣外銷，加上人工成本不斷攀升，使得紡織、成衣製造逐漸搬遷至海外。大稻埕的紡織、成衣代工、布料貿易及周邊行業均受到影響，南昌行、服飾材料商圈理事長徐媽表示，目前業績僅有過往的十分之一。此外，一九八〇年台灣第一間7-11開幕、一九八八年全家便利商店開幕、一九八九年第一間萊爾富成立於迪化街、一九八七年頂好超市開幕、一九八九年量販店萬客隆、家樂福進入台灣市場、一九九六年大潤發開幕、一九九七年美商好市多開幕，這些量販店、超市取代大稻埕南北貨批發商的位置，而原有下游雜貨店更被便利商店取代，目前僅剩兩百餘間南北貨商行。

創新與包容的文化商業

大稻埕或許已不復以往台灣北部商業中心的地位，探究大稻埕的產業發展歷程，可知道今日大稻埕的影響力在於「創新」與「包容」。相較於保守的艋舺，經營貿易的泉州同安人，一八六〇年代接納洋商杜德與李春生於大稻埕設立第一間茶葉工廠，靠著茶葉外銷把大稻埕推向高峰。戰後紡織成衣產業興起，吸引中南部城鄉移民至大稻埕創業，填補茶葉外銷衰退。近年台灣老街觀光風氣，文創商店進駐大稻埕，都顯示大稻埕不斷創新、接納各種產業，延續大稻埕的重要地位。

近幾年吸引許多年輕人來到大稻埕創業開店，電影、雜誌來此取景，越來越多觀光客走進大稻埕。然而，多數人對大稻埕的認識仍停留在幾個關鍵字：茶葉、年貨大街、迪化街、文創、中藥、布行、巴洛克式建築等等——來到大稻埕體驗老建築、老店鋪與新商店的過程中，是否真的認識了大稻埕？

大稻埕是年貨大街、煙火節？是清代、巴洛克式建築老屋？是一九二〇年代蔣渭水參與的台灣文化協會、文化書局？是一九三〇年代郭雪湖畫作《南街殷賑》、李臨秋與鄧雨賢《望春風》台語流行歌？是永樂市場、慈聖宮廟前的小吃？還是近幾年大稻埕文創商店亮麗包裝？

其實商業才是大稻埕文化的核心，而政治、藝術、創意的呈現則根源於大稻埕一百多年來厚實的產業基礎。唯有認識大稻埕的商業，才是認識真正的大稻埕。

蔣渭水也在大稻埕經商

蔣渭水一九一六年於大稻埕太平町開設大安醫院，一九二一年參與台灣文化協會的成立——以助長台灣文化為目的——推動成立台灣議會，於各地舉辦讀報社、演講、講習會等等，影響台灣各地青年。並於一九二三年發行《台灣民報》，鼓吹農民、勞工爭取權益；《台灣民報》總批發處即設置於大安醫院隔壁。一九二七年成立台灣民眾黨，爭取地方自治，是台灣第一個現代化政黨。

蔣渭水作為政治運動領袖及醫生的形象，深植人心，卻很少人探究蔣渭水的另一個身分——商人。

台灣俗諺：「第一賣冰，第二做醫生。」意思想賺錢致富最好的選擇是賣冰跟做醫生，而蔣渭水兩項都做到了。

一九一〇年，蔣渭水讀台灣總督府醫學校（今台大醫學院）時，曾經在城內榮町（今衡陽路）

開設「三葉莊冰店」，二樓則是販賣文具、雜貨的東瀛商會，作為政治活動的聚會所。

一九二〇至三〇年代是大稻埕的黃金時期，北台灣重要商賈多於此立足，外地仕紳也必定來此聚會交流。蔣渭水除了開醫院之外，還代理宜蘭「甘泉老紅酒」至台北銷售，並投資大稻埕四大酒家之一的「春風得意樓」，與台灣仕紳往來。

翻開《台灣民報》，內有許多台灣公司、仕紳刊登的商業廣告。

或許，蔣渭水在大稻埕從醫、經商的背景，讓他得以累積商業資源，進而參與推動台灣政治運動吧！

在這城市的人：酒店江董

進入一間看起來頗為老舊的公寓大樓，電梯上頭貼著某某酒店請上十一樓。我們一行人二十來位還得分兩次才坐得下的小電梯毫不氣派，只覺得與旁邊的陌生人一同在擁擠的電梯裡等著上一家歇業酒店，感覺有點兒不自在。

電梯門打開，空氣裡有股久未使用的微微潮濕味，映入眼簾是一堆擺放的雜物，接著眼光馬上被那條長長延伸進黑暗的走廊吸引。走廊第一間包廂打開著，伴隨旋轉霓虹燈光不停閃爍，雷射綠點點不時打在地板上，頗能讓人想像若在當年盛況下，整條走廊兩側共十來間包廂全數打開，那燈紅酒綠、輕柔軟語的熱鬧光景。

江董帶我們從這頭走到那尾，每間包廂配置相去不遠：皮革沙發中間有張桌子，當年小姐們就是在這沙發與桌上與客人們交際應酬。

最後一間房打開來，眾人驚呼，「是小姐們的休息室！還真小！」的確，跟前面幾間包廂比起來，小姐們的休息室看來簡陋許多。有一個分成好幾格置物箱的大鐵櫃，上頭還留著每個小姐的名字。小姐們會在自己專屬的置物櫃裡放什麼東西呢？是裝滿口紅、睫毛膏與指甲油的化妝包、還沒繳的電費帳單，還是剛從客人手中拿到的小費？我好奇地想著。

一九六〇年代，台灣經濟起飛，像這樣的酒店場所提供企業老闆多功能的用途，既可放鬆享受溫柔鄉，更可於此談成一筆筆讓口袋麥克麥克的生意。

特種行業跟著經濟一同高飛，兩者就像個完美的生態系統，相輔相成。許多人靠此養家活口，甚至大發利市。江董機靈又懂得察言觀色的性格，讓他在酒店、三溫暖等特殊行業裡如魚得水。

「要知道一個地方景氣好不好，去看八大行業的生意好不好就知道了，台灣現在景氣很差。」言下之意近年酒店的生意跟當年比起來不是太好，每每走到林森北路、長春路一帶，江董就會用一種懷舊的口吻說，「當年這裡根本就是不夜城，不到天亮人潮不會散去。」但其實早就退休好幾年的他也不需太在意特種行業的景氣好壞，不過我想那段輝煌的時光大概是像勳章一樣的象徵，會讓江董永遠懷念吧！

大半生的職場環境在我們俗稱的「溫柔鄉」中度過，見識過社會現實、鑽司法漏洞也是生活日常，這樣的人生經歷讓我們必須老實承認江董不太符合現代「政治正確」的標準。他講話百無禁忌，有時語出驚人。言談中也聽得出來他不太滿意現在的執政黨，理由除了觀光客減少，還有是草根的「當年陳水扁廢娼，抄倒很多家酒店」。

身為老一代的服務業者，江董習慣將客人按捺得服服貼貼，偶爾在導覽中說幾個聳動的笑話炒熱氣氛——「客人開心，我就開心」這樣的動機我完全能夠理解，那是二、三十年來遊走於不同背景、階級的複雜工作生態下，所培養出的細膩洞察力，而他更聰明地以草莽的氣質來隱藏他的銳利。

真是數十年的老謀深算啊！

很近的歷史，被遺忘的台北城

在前幾篇裡，我們提到了台北三市街的大稻埕和艋舺。現在我們來談談最後一個三市街中發展最晚，卻也是最特別的台北城。

很多人應該都對二〇一六年的除夕夜記憶猶新。那天，長久以來掐住北門咽喉的忠孝橋引道，在現場工班的一聲喝令下，展開了拆除作業。這一動工，終於讓三十四年來淹沒在兩條高架橋之間的北門，再次重見天日。雄偉而厚實的閩南式碉堡城門全貌，久違的重現在台北西區要道上。許多台北人第一次抬頭仰望起，這才發現像這樣超越百年的重要文化資產，原來就離我們這麼近！

為什麼台北有北門這樣的城門存在呢？這可能不是一個簡單的問題。

因為現代都市化的影響，台北人對於歷史「城門」的印象，大概僅止於知道捷運沿線上有東門、小南門、西門、北門這些有「門」字輩的站名，至於它們在哪裡？它們為什麼存在？

或是它們是什麼？能不能吃？就不是每個人都有辦法清楚回答得出來了。

在解答這個問題之前，我們必須先認識一個已經消失的名詞——台北城。

只存在十年多的清領台北城

台北城是什麼？很多人聽到這個名詞，一時之間可能都還想不出個所以然來。有人說它就是以前的台北市，也有人以為它像日本的天守閣一樣有個城堡……這些都不是正確答案，卻讓人充滿了想像空間。

每次「台北城小旅行」開場時，我們喜歡問這個問題暖暖場，讓大家思考一下。這時，有人歪頭，有人用手比一下等會兒要去的地方（我們在捷運北門站二號出口集合），也有人答出北門附近後就接不下去了，至今少有人能夠完整的描述出來。不過，這也不能怪大家，畢竟它從清領時期一八八四年起算，到日本時代城牆完全被拆除，前後只存在十幾年的時間，並且已經消失一百多年了。

那麼，台北城究竟是什麼呢？這個「城」過去確實存在，並且可以說是台北市得以發展

台北城北門／承恩門（攝影：蘇柏安）

成現在規模的基礎。

台北城雖然不是最早出現在台北盆地裡的市街（更早還有艋舺、大稻埕），但它的出現，象徵著統治者的權力開始主導起地方的發展，讓原先在這盆地裡各據一頭的市街慢慢地被中央權力集中起來。

台北城的出現要從清末治理台灣時期開始說起。清朝原本對台灣的愛理不理，在一八七四年牡丹社事件爆發後突然變得相當積極，除了在國防上意識到台灣有國際戰略地位的重要性，經濟上也注意到北台灣貿易出口值正逐漸成長，因此認為有必要也在台灣北部增設府城，加強防務與管理上的需求。

當時對於建設新城市的想像，不像現今的城鄉縣市那樣，雖然有自然的河流或山脈做為隱形界線，但城與城之間卻是緊密相連在一起。以前的城市會有一個實體的「城」，也就是用看得到的城牆明確界定出城界。鞏固的城牆可以保護居民安全，城內則設置有管理單位就近管轄內政。台北城的設計自然也遵循了相同的法則，在四方形城牆邊界上，分別開了東門、南門、西門、北門及小南門五座城門，同時將臺灣巡撫辦公用的衙門、臺灣布政使司衙門等官廳建築，以及文廟、武廟、天后宮等重要祭祀宗廟的建設規劃於城中。一八七八年由試署知府林達泉選定在艋舺與大稻埕間的未開墾荒地上開發，一八八二年由台灣兵備道劉璈開工，在與首任知府陳星聚的合作之下，終於在一八八四年完工——一座以台北命名的新城池「台北城」就此誕生！這座城面向北方的紅色閩南式碉堡城門，就是我們現在看到的北門了。

此時集聚所有重要官署和廟宇的台北城，幾乎成了台灣北部最重要的政治和宗教中心。但這一切都不能高興得太早，因為當時誰也沒有想到，這座本來為了加強防務而興建的台北城，在十一年後居然連防禦作用都還來不及發揮的情況下，讓日軍從北門光明正大地走了進來。

日本人留下的新穎台北建築

日本接手台灣後，開始重新思考城市規劃，認為城牆的存在影響都市擴張，因此下令將清朝建的城牆拆除，並在原址改建成寬廣的三線道路（現在的忠孝西路、中華路、中山南路以及愛國西路）——實體的台北城至此從這塊土地上消失。

沒了城牆，台北城的邊界反而從此向四方展開，並且連接起週圍的市鎮，在往後的時代裡逐漸融合成為一個「台北市」。

同時日本政府為了展現在台灣的殖民實力，十分積極建設台北。特別在原本台北城的範圍內，維持原先的規劃，建立統治中心的總督府（今總統府）、供一般民眾使用的新公園（今二二八公園）、醫療所需的台北病院（今台大醫院舊館）、傳遞信件的台北郵便局（今台北北門郵局）、民眾集會中心的台北公會堂（今中山堂）等公家機關，幾乎是將當時世界上最先進的技術與思維，都裝進了城內。這也讓許多來到台北的人嘆為觀止，甚至有日人大讚：「就連日本國內也找不到能媲美的地方。」當年台北繁榮之景況，可見一斑。

戰後到現在：台北市裡的台北城

戰後台灣由國民政府接手，台北城從日本人的生活中心，轉變成外省與本省人的商業新天地。不僅是外省人選擇落腳做生意的地方，也是許多本省人為了上台北打拚而選擇開店經營的位置。一時之間街道上各家招牌爭鳴，熱鬧無比。重慶南路和博愛路分別發展成我們所熟悉的書店街、相機街等等，街道旁也有許多外省族群們用胃解鄉愁的江浙餐館，而西邊什麼都有賣的中華商場，更是許多台北人心中的共同回憶。

現在隨著鐵路的地下化以及捷運的通車，台北城一帶成了台北交通網的中心，幾乎是每一位來台北的旅客一定會經過的地方。但可惜的是，許多人每天為了工作、補習進出城界，卻不曉得自己正走在歷史的道路上。我們嚮往擁有文化底蘊的外地城市時，是否都忘記去了解、去認識自己城市的故事，挖掘這些就在自己腳邊的故事呢？

一次我們在辦東三線（現在的中山南路）的導覽時，就有一位大姐好奇的停下來看著我們。沒過多久她走過來問我們怎麼有這樣的導覽活動？要去哪裡找這樣的資訊？一問之下，才知道她就在附近上班，幾十年來每天看著這些歷史建築，卻從來沒有機會認識。今天剛好出捷運站路過看到我們，要不是她正要去上班，不然真的很想參加。像這樣的例子，在辦台北城導覽的時候，總是特別容易遇到。

從一八八四年到現在，台北從有形的「台北城」走向無形的「台北市」，新城界將一百多年來每一位前人奮鬥的故事，以新的文化地域重新串聯在一起。

即便現在台北予人的印象是「首都、流行、國際化」等擁有這類形容詞的現代化大城市，但仍有很多故事就藏在街頭的各個角落。

離我們生活這麼近的地方，其實就有很豐富的歷史文化。

從認識台北城開始，一步一步找回只屬於這座城市的獨特魅力吧！我們想讓大家知道，台北不是只有珍奶、小籠包和芒果冰而已。

不同時代的二二八公園

對二二八公園有什麼印象嗎？回憶裡的「新公園」？夜晚男同志的大本營？還是如同它的名字，想到的是二二八事件的場景之一呢？

不管是哪一個，都有個奇妙的現象：明明是同一個公園，也沒有換過地址，為什麼卻給了大家不一樣的畫面？

從大天后宮到悠閒的散步處

先來說說它的過去。

在這座公園出現以前，清領時期這裡是一座大天后宮，屬於該地方的祭祀中心。後來日本政府接管台北城內，將這裡設為公園預定地。原先只規劃了現在南半邊的部份，之後幾場颱風和水災將大天后宮損毀，也就讓當局找到順勢拆除的理由，完成了公園最後北半邊的建設，才有今天的規模。拆廟時所剩下的礎石、石珠等遺構，就散落在公園一角。這些遺跡至今仍可見於台灣博物館旁，如果不仔細看解說牌，大部份的人可能還以為是休息用的椅子吧！

由於在此公園完工之前，圓山早已經有一座公園開放使用，因此在命名上相對已經存在的圓山「舊公園」，就將這座台北城內最新打造的公園取作「新公園」。這個名字一直使用到於一九九六年改名為二二八和平紀念公園為止。但大部份老一輩的台北人，可能都還比較習慣以新公園這個名詞來稱呼吧！

大小公園在今日台北隨處可見，但在以前，公園的出現可以說是一種劃時代的意義。不僅象徵空間逐漸從私有走向公有，另一方面也表示人們開始重視休閒娛樂的空間。

日本政府因此在台灣打造了幾個代表性的公園，其規劃承襲歐洲風格的近代都市公園設計甚至領先日本國內。當時若在公園裡簡單散步一小圈，就算是最潮的事了！

日本時代的新公園，格局寬廣。從老照片來看，可見不少人在這邊踢足球、打棒球，而圓形的露天音樂台也是一大特色。

公園北面建造了紀念兒玉源太郎和後藤新平兩位建設台灣有功長官的紀念館（現在的台灣博物館）。該建築融入多種古典西洋建築元素，入口正面採用希臘神殿樣式，給人一種碩大莊嚴的神聖感。當時的展品內容多為台灣特產品，彷彿日本政府為了宣揚治理台灣有成的成果發表會。大門口前的表町通（現在的館前路）連接起正對面的台北火車站，讓當時一下火車的旅人，第一眼看到的台北印象就是眼前華美的兒玉後藤紀念博物館。可從當時的風景明信片中，發現多數新公園美麗的景緻搭配莊嚴的博物館建築的畫面——這樣的意象要作為台北市都會的象徵，可說是不遑多讓的。

這般悠閒又美麗的風景，卻在之後的日子裡發生了重大事件。一九四七年的二二八事件爆發後，大批民眾湧入公園內的臺灣廣播公司，對外控訴正在台北上演的事情。一時間消息傳遍全台，引發各地民眾發起反抗運動。後來陳儀也多次透過該電台對民眾喊話。這樣的歷史故事，促使了新公園在後來改名成為二二八和平紀念公園。

不同歷史痕跡的多元場所

有道是街景會隨著掌權者的意識而改變，公園的格局也開始產生了變化。國民政府來台後，原本有著西洋式草皮綠地設計的運動場被水池取代。水池的中央與各個角落則安置了幾位中國歷史上的民族英雄，甚至中國式亭樓的設計也與原本歐式設計產生了些許違和感。

更有趣的，公園內其實還有更多台北各處被拆除的歷史遺物，除了剛才我們提到大天后宮的礎石之外，還有清朝東門街上的黃氏節孝坊、日本時代台灣護國神社的神馬等等。這讓二二八公園變成了收容這些「歷史移民」集散地的有趣現象。這些曾經在過去水火不容的歷史，彷彿都在現代得到了和解。

作家白先勇在知名小說《孽子》中，更將公園封作男同志「永遠的家」。在那還沒有網路和手機的年代，適合幽會的公共空間也不如現在多，當時除了電影院外，同志間能相互交流的場所就是公園了。在保守的社會風氣底下，公園是少數同志們能建立起網絡之處。後來隨著網路興起，聚集在公園等待對象的男同志們漸漸少去，拆除圍牆後的公園也更加開放，比起過去，現在夜晚的二二八公園，顯然多了更多的休閒人口。

一座城市的集體記憶

我們經常以二二八公園作為導覽路線的主體之一，似乎在這一帶的導覽都避免不了講一下這座公園。日本時代導覽，一定得提到公園的建設之初。事件導覽，不能少掉重要的二二八紀念館。同志空間的主題導覽，它更是不能不經過的大本營。

雖然我相信大多數人常經過這個地方，可能也太熟悉公園各個角落的風景，但總是有不少導覽老師說，光是一個二二八公園，要講解走上兩個小時絕對沒有問題，可見這座公園的故事真的太過豐富。

無論習慣叫它「新公園」還是「二二八公園」，像這樣一個空間，跨越了各個時代，並且被使用者賦予各種不同的意義，並且我們的日常生活也持續地與這座公園編織出新的故事，可以說是一種城市集體記憶的傳承。希望透過導覽的詮釋，將這些故事，持續地說給下一代聽，讓未來的人們都能夠不斷延續這些集體記憶，找出屬於這個城市所應有的面貌。

否則，有一天當你走累了，找到公園的「椅子」坐下來休息的時候，可能不會知道屁股底下的其實是大天后宮遺留下來的柱珠吧！

大天后宮的柱頭（攝影：蘇柏安）

在這城市的人：發美皮鞋店高清源老闆

延平南路的轉角處，五十八歲的老闆高清源正以流利的手法快速縫補著破損的鞋子。在一針一線穿梭之際，一邊輕鬆的接受我們的訪問。他坐在的這間三十六號商行的屋簷，可是道道地地在地四十年老店「發美皮鞋店」。

高老闆十五歲開始跟著父親學做鞋、修鞋，以及穿針引線的技巧，這紮實的基本功讓他奠定能夠撐起一間店面的好手藝。他曾經收過幾位學徒，傳承這份手工藝，後來學徒們也各自到外面自立門戶。

後來沅陵街崛起，許多皮鞋店紛紛進駐開業，但高老闆也不自亂陣腳，畢竟在一個地方做久了，早已摸索出一套只屬於自己這間店的營運模式，他說：「換了一個地方，環境就改變了，競爭的模式也會變得不一樣。而且你看延平南路上也只有我這間皮鞋店，能守住就好了。」

發美皮鞋店高清源老闆（攝影：蘇柏安）

店內經營的主力為手工皮鞋。店裡透明櫥窗陳列出的商品，有些是工廠直營貨，有些則是高老闆自己心血的結晶。雖然現在受到網路化與快時尚的衝擊，店內生意大不如前，「喜歡手工皮鞋的人還是會來買啦！」老闆一派輕鬆的笑說：「我們都是手工生產的，不可能做出太多的量，萬一我們也網路化，訂單太多會吃不消，所以能像這樣維持生活就好了。」話語中多少帶點無奈，但老闆依舊看得很開，更認為延平南路上其實有非常多的故事等待挖掘，只是都沒有人主動來介紹而已。

「像大稻埕都做起來了，其實我們也很有機會啊！這裡的店家隨便都超過四十年了！」整條街的店家就像好鄰居一樣，每到閒暇時間還會彼此串串門子；若找不到店裡的老闆，就可能是跑到對面的麵攤去聊天了。

「不過現在年紀也大了，來這邊就是找事情做而已啦！不然整天待在家裡沒事也很無聊。」他邊笑邊帶過這句話，卻讓我們聽得驚訝。老闆開店居然不是以賺錢為最優先考量，不過單純想讓自己有事情可以做而已，在這資本主義掛帥的時代下，有這樣的想法實屬珍奇異獸。也多虧他仍然願意每天搬出古董工具箱，掛上手繪的店招牌，拿起針線修補壞掉的皮鞋，才讓現在的我們還有機會認識這條街、這間店，以及老闆的故事。

老闆另外有兩個兒子，也都分別在其他地方工作，將來要把這間店傳承下去的機會非常渺茫，但他仍然笑著說：「應該還可以再做十年吧！只要還能做就會來開店。」雖然知道將來有一天他會把店收起來，但真心希望這間店能可以一直持續下去。「鞋子壞掉都可以拿來這邊修！」老闆總是面帶笑容的這麼說。

註：認識高老闆與這間店，完全是一個無計畫的巧遇。當時我們正為了籌劃新的定期導覽路線「台北城小旅行」進行街訪，希望能蒐集一些在這個街區生活的小故事，於是在延平南路上挨家挨戶的詢問店家意願。被拒絕好幾次後，在一個轉角處遇到了正在修布鞋的高老闆。看到老闆身旁的工具箱，以及一個看起來就知道很有年紀的修鞋機，便引起我們的興趣向前詢問。想不到高老闆非常好客，一邊修鞋一邊回答我們的問題，並且大方的告訴我們想問什麼都可以，不用客氣。

停格與失落的台北畫面

「這間是我家旁邊的消防隊啊！」

二〇一五年秋天，時任國家電影中心執行長林文淇教授與台北城市散步共同策劃「侯孝賢電影中的台北」，走訪侯孝賢於一九八〇至九〇年代電影場景，認識侯孝賢、台灣新浪潮電影以及當時的台北。

第二次會面時，林文淇教授告知一九八〇年代侯孝賢與其他新浪潮電影，許多場景以大稻埕為背景，像是我家旁邊的消防隊建築就出現在楊德昌《青梅竹馬》（一九八五年）、侯孝賢《戀戀風塵》（一九八六年），電影中的建築外牆是淺褐色，讓我小時候對於這棟建築的記憶也浮現腦中。

電影刻畫當下的社會，也記錄當時的影像。《戀戀風塵》男女主角從九份至台北工作，男主角工作的印刷廠位於迪化街，女主角則在裁縫店工作，表現出一九八〇年代大稻埕仍是台北商業中心，吸引都市外的人們至此尋求工作機會。影片中也出現當時的九份、迪化街、第一劇場、西門紅樓、中華商場、台北車站等等，把人們的回憶留在電影中。

台灣的電影記憶

全球第一次電影放映是一八九五年在法國巴黎，一八九七年日本留學生即把電影技術帶回日本，而一八九九年在台北十字館劇院放映「美西戰爭」短片，是台灣最早的電影播映紀錄。一九〇三年，苗栗人廖煌從日本學習放映技術，在台北大稻埕、西門町從事收費電影放映。一九二五年，台灣映畫研究會在大稻埕舉辦成立大會，同年完成第一部台灣人自製電影《誰之過》，在大稻埕永樂座上映。

一九二〇至三〇年代仍是默片的時代，由辯士搭配現場樂隊演奏生動地說出電影情節。為了替無聲電影宣傳，唱片公司製作歌曲以唱盤機沿街播放，帶動一九三〇年代台語流行歌的熱潮，如《望春風》、《四季紅》、《雨夜花》等歌曲，而一九三八年電影《望春風》即是由李臨秋所編劇。

戰後，一九五六年，第一部台語電影《王寶釧與薛仁貴》票房長紅，帶動台語片的黃金年代。一九五八年，李行導演拍攝《王哥柳哥遊台灣》，模仿好萊塢喜劇《勞萊與哈台》，記錄當時台灣各地風景區的影像，包括台中公園、日月潭、赤崁樓等等，而王哥柳哥則成為好朋友的代名詞。一九六〇年代則有三位台語片巨星，其中文夏、洪一峰以歌唱出名而參與電影拍攝。文夏的《台北之夜》、《再見台北》等紀錄台北街景，洪一峰則以《舊情綿綿》隨片登台於台灣各地劇院演唱。特別的是以愛國軍教片正義形象深植人心的柯俊雄，其實是拍台語電影出身的，像是模仿007情報員的《天字第一號》於台北各處取景，改編西方名著《米蘭夫人》的電影《地獄新娘》則以淡水為主。

一九六一年，台語電影《大俠梅花鹿》情節融合「龜兔賽跑」、「狼來了」、「中山狼」等知名童話故事。很難想像的是全部演員身穿動物裝演出梅花鹿、鴿子、山羊、狼等角色，若以現在的觀點，像出現在兒童電視台的節目。《大俠梅花鹿》全片在北投拍攝，當時北投被譽為台北好萊塢，年產數十部台語電影。

一九六二年共完成一百二十部台語電影，當年國語電影僅有七部。但一九六〇年代末，政府資源挹注推動國語片並壓抑台語電影，直到一九六九年國語電影數量才超越台語電影。

五、六年級的台灣人，對於一九六〇、七〇年代武俠片、台灣愛國軍教片與瓊瑤電影應該記憶深刻吧！從一九六七年《龍門客棧》開始，加上一九七〇年代李小龍與香港武俠電影影響，台灣興起一波武俠電影熱潮。中央電影公司拍攝的愛國系列電影《英烈千秋》、《八百壯士》、《梅花》等等，成功塑造柯俊雄的軍人形象。此外，多部瓊瑤小說改編成電影，如《一簾幽夢》、《我是一片雲》等等，秦漢、秦祥林、林青霞、林鳳嬌等二秦二林參與演出，成就台灣七〇年代文藝愛情電影的經典回憶。

然而，六、七〇年代的電影被當成政府的政治教育工具，不然就是強調愛情、武俠的娛樂性，與當時的台灣現狀脫節。直到一九八〇年代台灣新浪潮電影，由楊德昌、柯一正、侯孝賢等人推動，解析社會真實現象，侯孝賢《悲情城市》（一九八九年）更獲得威尼斯影展最佳影片，呈現台灣日治時期、二次大戰、二二八事件，以及白色恐怖的共同記憶。一九九五年則有萬仁《超級大國民》，男主角經歷白色恐怖牢獄後，追尋救贖之旅。

電影場景導覽

二〇一六年是台語電影六十年，台北城市散步與國家電影中心、《典藏》雜誌合作，策劃北投、淡水兩場台語電影場景導覽。我們看過多部台語片、搜集相關資料後，與講者釋照勝老師、陳睿穎老師實際走了一趟北投與淡水。

北投的現狀令人感嘆！五、六〇年代號稱台灣好萊塢的北投，經歷一九八〇年代廢娼，觀光客大減，其作為電影場景的溫泉旅館荒廢、拆除或重新裝潢，北投公園經歷數次改建，也看不到電影中的原貌，連全片於北投拍攝的《大俠梅花鹿》也難以確認地點。二〇一三年上映的電影《阿嬤的夢中情人》，原名為《台灣有個好萊塢》，故事背景是台語片時代的北投，為了向台語片致敬，電影宣傳海報及片中許多誇張情節是模仿一九六〇年代台語片，但拍攝場景多在台灣各地取景，僅有北投中國製片廠被保存下來，作為其中一個拍攝場景。

台北城市散步第一次策劃的電影場景導覽，是在大稻埕。二〇一四年配合電影《大稻埕》上映，我們以《大稻埕》中所提到的歷史事件規劃一條導覽路線，後續更發現許多曾經在大稻埕拍攝的電影。

《大稻埕》室內拍攝場景多借用迪化街上的葉晉發米糧行，好友葉守倫詳細介紹電影劇組拍攝及家族在此生活的狀況。當我們走到屋頂，看著迪化街，守倫告知一個讓我吃驚的資訊——好萊塢電影《聖保羅砲艇》曾借用他家頂樓拍攝——一九六〇年代美國知名動作男星史提夫麥昆，於一九六六年到台灣拍攝電影《聖保羅砲艇》，劇情敘述一九二〇年代美國砲艇聖保羅在中國的故事，由於當時中國仍未開放，故製作團隊把大稻埕當作是上海街景，淡水、基隆則借為外灘港口。

看著電腦螢幕上《聖保羅砲艇》畫面，我的心情激動雀躍，男主角史提夫麥昆帶領部隊，在民眾簇擁下走過一九六六年彩色的迪化街，那是未有任何老屋被拆除的完整大稻埕永樂町，各街屋立面上懸掛每間店鋪的名字，可知道當時有哪些商店。除了葉晉發，保存至今的還有李甘香、洪儒堂。我第二次看《聖保羅砲艇》，更發現另一個重要的建築「蓬萊閣」，在片中是部隊駐所。蓬萊閣內大稻埕仕紳杯觥交錯的畫面似乎在我腦中浮現，人們在此舉辦各式會議，宴席間還有藝旦、女陪侍。感慨的是，我們無法在今日的大稻埕重現這棟經典建築。

一九五三年的經典電影《羅馬假期》，奧黛麗赫本與葛雷哥萊畢克本兩人騎著偉士牌機車在羅馬街頭，其畫面中的羅馬仍保存至今，讓影迷們可以重溫偶像當年的路徑。但在台灣，以一九九〇年代為背景的《我的少女時代》，不過才過二十多年，台灣街頭已然變化，無法忠實呈現過往畫面。即使製作團隊用心製作或張羅許多那個年代的物品、服裝，眼尖的人仍可發現街景、建築已不是一九九〇年代的風格。《大稻埕》在預算有限的狀況下，借用宜蘭傳藝中心拍攝，與真正日治時期的永樂町（今日迪化街一段）有非常大的落差。《賽德克巴萊》、《KANO》則耗費鉅資搭設實景，配合特效，才能營造日治時代的街景、氛圍。

戰後的台灣以經濟發展為重，且教育內容缺乏本土歷史、地理，對於文化資產保存意識仍不足夠。我們已經失去了非常多文化資產，使得以舊時代為背景的電影，只能倚靠搭建場景、視覺特效，或依靠舊電影遙想當年的台北。

二〇一五年的《台北愛情捷運》系列首部曲《愛情算不算》，全片多以今日大稻埕的樣貌取景，透過導演林君陽的獨特視角，把大稻埕街屋立面、亭仔腳、老屋中庭等空間融入劇情，甚至是路邊電線竿、電線，都能被寫實而不突兀地呈現在畫面中。即使大稻埕老屋、街道已被保留下來，但傳統商行如南北貨、燈籠、農具、碾米廠等等，勢必在社會環境改變的過程中逐漸消失，不禁想著五十年後的人們只能從電影《愛情算不算》追憶二〇一五年的大稻埕，如同今日的我們看著《聖保羅砲艇》追憶一九六六年的大稻埕了。

燃燒吧！台北——老屋文化資產

不知道從什麼時候開始，只要老屋、古蹟失火，新聞媒體、網友鄉民就把原因歸咎於「自燃」，意思是沒水沒電的老屋卻會莫名發生火災，多在半夜發生，有時則在白天起火，共通點是找不到兇手，故稱為「老屋自燃」。

或許是有熱心網友於維基百科編輯「臺灣文化資產火災列表」、製作 Google 地圖，藉由網路社群力量推播，於是「老屋自燃」成為台灣的都市傳說，遍及全台各地。

二〇一七年初總統府的春聯賀詞「自自冉冉，歡喜新春」，各界討論用字是否正確的同時，關心文化資產的「恐怖份子」創意發想「自自燃燃」——用這新的形容詞來說明台灣文化資產的險境。

同事柏安年初創意發想「燃燒吧！台北」，整理台北曾經發生過火災事件的文化資產，與導覽老師們共同策畫了六條路線，包括大稻埕、後車站、青田街華光社區、台北城、西門町、古亭，活動公佈後獲得網友迴響。於此同時，圖文不符設計的遊戲「全能古蹟燒毀王」，諷刺手法來凸顯文化資產在台灣的困境，又引起一陣話題。

燃燒背後的問題

歸納文化資產火災可分為兩種。一是用火不慎所引發的火災，由於古蹟或歷史建築多為木造，電線走火或整修時引發的火花，對木造的文化資產造成嚴重破壞，如一九九六年的屈臣氏大藥房、二〇〇二年的撫台街洋樓、二〇一七年的彰化關帝廟等等。文化部二〇一六年宣布將推動「有形文化資產防災守護方案」，與地方政府各局處加強管理與防範，減少文化資產的災害，並舉辦文化資產防災演練，讓民眾了解文化資產保存的重要性。

然而，另外一種文化資產火災的老屋在火災前多已有開發計畫，火災後通常找不到兇手，於是只能歸咎「老屋自己放火燒了自己」。

日治時期建造的台北刑務所，戰後改為台北監獄，除了獄方人員華光社區宿舍群之外，區域內還有許多違建戶，由於周邊鄰近中華郵政、中華電信，是台北市中心少有的大片未開發土地，二〇〇七年台北華爾街金融特區與二〇一二年台北六本木計畫皆選定於此——華光社區卻在二〇〇八至二〇一六年間發生四次火災——二〇一三年三月，市政府動用公權力強迫居民搬遷，拆除大部份建物，迄今已逾四年，華光社區仍是一片空地，未有開發的跡象。

台灣各地台鐵宿舍以及相關建築，位於火車站附近，具備交通要地的開發利益，老屋似乎更容易自己燒自己，台北、台中、車埕、花蓮、嘉義、岡山皆曾發生過火災。像是位於台北市台灣鐵道部後方的鄭州路台鐵宿舍區（台北車站特定專用區E1、E2）面積廣達二點五公頃，是清代機械局、日治鐵道部的所在位置，代表台灣鐵路的起源，因鄰近台北車站和機場捷運，光是土地公告現值已超過七十億，被列為西區門戶計畫範圍，台鐵也亟欲開發此區。目前僅有三棟老屋列為古蹟和歷史建築，其餘木造宿舍早已人去樓空，卻發生過三次火災。

不只是老屋自燃事件，被公部門、私人開發商或所有權人直接破壞的文化資產更是不計其數。

二〇一六年，彰化市太子樓農會穀倉，列冊追蹤時被農會拆除，經地方人士制止，目前僅存一半建築。

二〇一四年，台北萬華清雲閣列為暫定古蹟，遭地主惡意拆除，經文化局、地方文史工

失火後的華光社區（攝影：蘇柏安）

作者暫時制止後，地主仍全部拆除。

二〇一一年，台中市瑞成堂是日治時期南屯南屯庄長宅邸，列為古蹟不久，卻在半夜被惡意拆除。

詩人醫生林清月一九一八年所創立宏濟醫院，面積廣達四百多坪，後台灣總督府租用作為台北更生院，收容鴉片癮者，戰後成為光復大陸設計委員會辦公室，一九九五年提報為古蹟前一晚，所有權人第一銀行連夜拆除。

一九〇五年設置的赤十字病院台灣支部，位於東門外、總督府醫學校旁，戰後作為中國國民黨部，一九九四年台北市政府有意宣告為古蹟前，在文化人士抗爭中被拆除改建成新大樓。

以往文化資產保存法沒有毀損的罰則，拆除或破壞古蹟、歷史建築難以認定違法，直到二〇一六年修訂文化資產保存法增加罰則，但最高僅罰金僅兩千萬元，相較於龐大的土地開發利益，是否能遏止破壞古蹟事件，仍有待觀察。

搶救與保存

仍有少數文化資產在火災或被破壞後，幸運被保存下來。

大稻埕一九二〇年代興建的屈臣氏大藥房，建築立面保留當時屈臣氏的招牌與商標，在一九九六年的年貨大街期間一樓攤商引起火災，屈臣氏大藥房全棟木造建築都被燒毀；一九九七年台北市都市設計審議委員會通過，此建築未使用完的容積可轉賣給市政府或移轉至台北其他地區，鼓勵屋主保留建築立面，開啟台北市第一個容積轉移案例。「大稻埕歷史風貌專用區計畫」就是用獎勵容積的方式，保存大稻埕全區古蹟與歷史建築。

另外，一九二〇至四〇年代間，陸續興建的齊東街日式宿舍群，是日治時期在台高階日本官員住所，戰後所有權人台灣銀行在地方居民反對之下，仍於二〇〇二年強制拆除其中兩棟，甚至二〇〇四年台北市政府通過古蹟及歷史建築指定案的前一天，其中一棟歷史建築更被開發商連夜拆除。最後才迫於輿論壓力，台銀終止標售，由文化部出資修復其中兩棟建築，委外經營，名為齊東詩社、台北琴道館，未來將持續整修齊東街其他日式宿舍。

老舊的房子就該拆除或改建？

台北城市散步的每月員工旅遊曾拜訪苗栗道禾實驗學校，與十餘位國中生分享過去舉辦過的導覽主題及其意義，最後我們團隊提出議題：「為什麼要保存老房子？」同學們便依照各自的經驗分組討論；由於道禾實驗學校同時經營台中刑務所演武場（道禾六藝文化館），幾位同學都提出老屋保存必須思考如何活化，但仍有位同學的意見是老房子就應該要拆除、改建——這或許是台灣多數人抱持的觀念。

近幾年都市更新爭議頻傳，影響建商參與都市更新、土地開發的意願。二〇一六年底，行政院通過《都市危險及老舊建築物加速重建獎勵條例》草案，拆除並重建三十年以上老屋或危險建築物，就可享有容積建蔽率獎勵，以及房屋稅、地價稅減半。此草案不僅影響整個城市的建築天際線，更會加速部分有價值的老屋被拆除的速度。

此外，二〇〇九年，台北市政府配合「二〇一〇臺北國際花卉博覽會」，推出「台北好好看」系列計畫，其中一項獎勵措施是建案開發前十八個月先進行綠化，即可申請最多百分之十的獎勵容積，於是在花博期間為了二萬五千八百多坪僅存在兩年的臨時公園，共送出七千三百六十一坪獎勵容積，市價超過六十八億元。台北市都市發展局網站上寫著「在過程中，我們拆除了諸多窳陋建築，更新了老舊市容……」，卻不知有多少具有價值的老屋被拆除，故此波活動被戲稱為「台北郝郝拆」。

外表破舊、內部腐朽的老屋，常被以公共安全、環境衛生為由而被拆除，但這並不代表老屋沒有保留的價值。例如：台北市市定古蹟紀州庵是日治時期的高級料亭，可眺望新店溪水景，戰後由政府接收成為公部門宿舍，內部空間因住戶眾多而被切割與改造，建築外的庭院則增建以滿足居住需求，一九九六年、一九九八年還有兩次紀州庵的本館與別館燒毀記錄，而住戶即拆除殘骸。直到二〇〇二年起由台大城鄉所及地方居民共同努力，紀州庵於二〇〇四年訂為市定古蹟，二〇一三年修復僅存的離屋建築，現已成為當地一個重要的文史景點。

二〇一六年，北門旁三井倉庫原址保存爭議，即有許多人認為為何要保存這棟破舊、腐朽的老倉庫，因為多數人不知道它的價值——日治時代拆除清代台北城城牆，興建三線道，今日的忠孝西路就是其中一條，而三井倉庫位於忠孝西路的起頭，是當初日治三線道現存最老的建築——若能保留當初騎樓的輪廓，便能留下台北城的痕跡。

火災後的南菜園日式建築（攝影：曾智康）

現在沒有三十年的房子，以後怎有三百年的房子？

近幾年台灣興起老屋熱潮，越來越多民眾參與老屋保存、整修再利用。台北市政府文化局老房子文化運動、都市更新處老屋新生大獎及URS都市再生前進基地，以公部門的資源獎勵民間保存及活化。台大、師大在大安區、中正區的眾多日式宿舍及建築，也以委外經營方式交由民間團體整修老屋、商業經營。

由於老屋整修與維護需要大量資金，非個人或小企業能夠負擔，故越來越多企業集團投入老屋保存，如台積電資助前美國大使官邸整修、富邦集團參與青田街日式宿舍、錸德科技整修陽明山美軍宿舍等等，尤其是建設公司參與老屋保存的案例，代表部分開發商開始思考如何讓老屋與土地開發能共存，如忠泰建設於萬華新富市場、立偕建設於城南樂埔町、力麒建設經營台北故事館等等。

其實，文化資產保存也是企業社會責任的一環。

企業社會責任（Corporate Social Responsibility 簡稱CSR），是指企業於商業經營時必須承諾道德規範，並兼顧社會公益、環保永續，台灣證券交易所已要求股本達到五十億以上的上市公司，自二〇一七年起必須編制、申報企業社會責任報告，亦即企業必須投注一定的資源用於環保、社會公益。可惜的是，台灣對於企業社會責任的觀念鮮少觸及文化資產保存，但國外已將文化遺產保存與維護列為企業社會責任項目之一，讓企業投入古蹟保存、整修或資助博物館等文化活動。

撰寫此篇的期間，正是一九三二年開張的菊元百貨之文資審查會議。晚幾天開幕的台南林百貨早已是古蹟，整修後以當代百貨的概念重新開幕，成為台南市的文化觀光亮點，但台灣第一間百貨公司——菊元百貨建築結構完整，卻被以內裝外觀早已被改建，而在文資審議會上僅被列為歷史建築，所有權人國泰世華銀行仍可拆除整棟建築，只要在改建時恢復某程度的建築意象即可。

文資會議後，凌宗魁老師寫下：

下班回家的路上
行人如織車水馬龍一切如常
這座城市的大多數人沒有感覺到自己才剛失去了什麼

正如多數的改變和消逝總是緩慢而難以覺察的

菊元百貨位於台北城清代西門街、日治榮町、戰後衡陽路的關鍵商業位置，象徵台灣近代消費市場，從地方零售走向品牌通路的重要歷史文化價值。生活在台北的多數人，並未認知到，這棟經典建築的消逝，對這城市或自己有什麼影響，也難以想像百年後的台北城市景觀面貌。如以企業社會責任的觀點，若國泰世華銀行能將菊元百貨保存列為企業社會責任，捨棄土地開發利益，重現菊元百貨風貌，不僅只是保存一棟可使用的老屋空間，改變台北舊城區的面貌，且對國泰集團企業形象將有很大的助益，並可作為企業行銷包裝的重要圖騰吧！

導覽作為一種社會參與

觀察台北的二十個角度

台北城市散步最初從大稻埕開始第一條導覽路線，後增加大龍峒、艋舺等台北老西區的路線，近兩年則舉辦了非常多有趣的主題導覽。從最近熱門的無間道條通系列、建築越界，或是同志空間、街頭公民課、清晨批發市場的叫賣聲、台北小印尼等等多種社會議題，約每個月會有一個新的主題企劃。

於是，我們常被問怎麼發想出這些主題？

其實答案很簡單。

不同的觀看方式

二〇一四年底出版的《字型散步：日常生活的中文字型學》，由臉書社團「字嗨」發起人柯志杰與字型設計團隊 justfont 主編蘇煒翔共同撰寫，從人們的日常生活所看得到的字體，如招牌、路標等，說明字型設計能夠讓標示、招牌更清楚，以及各種中文字體的故事、台灣字型產業的狀況（註㈠）。已經忘記是看到哪位臉友的推薦，我買了這本書，某天突然想是否能邀這本書的作者，來一場台北街頭的字型導覽？經由臉譜出版社的彩玉熱情引薦，我們與柯志杰、蘇煒翔約定二〇一五年五月份舉辦第一場導覽，事前實際踩線、確認解說內容，並安排前往參訪日星鑄字行。

那麼，是否有可能多找幾本書的作者，來帶導覽呢？

我們開始透過人脈，蒐集各種網路資訊，希望能找到合適進行導覽的講者，像是好朋友水瓶子、作家楊佳嫻、文史工作者片倉佳史、記者黃哲斌、雜誌總編黃威融。接著又想到，如果在某個領域的專業者，介紹他所熟悉的某個區域，應該也會很有趣，於是找到蘑菇設計張嘉行、水越設計周育如、攝影師飛鳥先生、落語家戴開成等等。當然，被拒絕的狀況更多。

然後，這個系列該取什麼名字呢？

「台北文藝散步」是最初的名字，現在回想起來還是讓人發笑，沒有核心思想、沒有創意，應該沒人會相信這是台北城市散步的活動名稱。直到今天公司內部工作進度表上，這幾

字型散步導覽（攝影：廖湘婷）

場活動仍是寫著文藝散步，尚未更改。不過，如果當初用這個名字，大概不會有人注意到這個系列活動，就不會發展出在後續發展出這麼多有趣的主題。

除上述講者，另外邀約多次合作的楊燁、高傳棋、何良正等資深導覽老師，在策劃的過程中與講者討論題目、實地勘查，我們發覺且更確認每位講者對台北的認識都不一樣，並以各自的專業領域詮釋台北。又是某一天有了靈感，活動正式上線前兩週改為「觀察台北的二十個角度」，包含旅行、足跡、設計、在地、品味、字型、攝影、建築、博物、生活、水文、編輯、採訪、文學、尋訪、說書，共二十場導覽。

同事湘婷寫下：

步行導覽 Walking Tour

可以是一場創意講座；可以是一堂知識傳遞課程；

可以是對文學的追尋；更可以是生活經驗的傳承。

透過二十個角度來觀察台北，會看到什麼？

過去傳統導覽活動是由講者考據文獻資料、田野調查自然地景等等，向聽眾訴說以前的故事，並傳遞各種知識；也有許多人認為是旅行中的一項服務。「觀察台北的二十個角度」系列則賦予「導覽」新的定義，不再只是說故事和傳遞知識。導覽像是一場戶外講座，講者以自己的觀點與民眾分享交流，像是看一場街頭劇場，民眾置身在街頭地景中，聆聽並感受城市的脈動。我們想像台北像一本書，每位講者以不同的角度來觀察台北，希望大家一起來翻閱台北這本書。於是，同事柏安把活動的視覺設計成一本書，讓很多人以為我們要出書了……

二〇一五下半年又再舉辦一次「觀察台北的二十個角度」，涉獵的議題更廣，如同志、建築、私廚、電影、聲音、社工、劇場、樂團等等。踏足的區域不只是之前的老街區，更擴及民生社區、濱江市場、華山、東區、地下街、富陽公園等等，最遠跑到大屯山頂，而侯孝賢電影導覽則跑了台北好幾處重要場景。

當年我們在民生社區辦過三場不同主題的導覽，導演葉天倫在民生社區出生長大，許多電影也在此取景；從葉導的角度可看到導演如何選擇場景；文學家愛亞在民生社區居住超過二十年，對於街頭的一花一木瞭若指掌；錄音師戴志光的工作室在民生社區，公園嬉戲聲、學校鈴聲、馬路上車流都是是他每日搜集聲音的素材，以作為電影、廣告配音使用。同樣都是在民生社區的導覽，透過導覽活動由不同專業者帶領，可觀察民生社區的不同面貌。

放下、聆聽、理解

喀飛是台灣同志諮詢熱線協會共同發起人及理事，二十多年來親身經歷多次同志爭議事件。那天台北下著大雨，寸步難行，我、湘婷與喀飛在二二八公園的露天音樂臺上站著，討論男同志空間的導覽路線。我問起以前高中時大家都說晚上不能獨自在新公園上廁所，不然會被 gay 摸屁股。喀飛回答網路尚未普及的年代，男同志之間難以聯繫，具備隱秘性、交通便利的都會公園，就成為男同志尋找伴侶的場所，於是同志酒吧、三溫暖、電影院等，也多在新公園附近。

此外，相信很多人都以為艋舺公園內都是遊民，去年底台北市長柯文哲脫口說出「遊民洗乾淨就變遊客」，這其實被刻板印象侷限了。芒草心協會前任理事長張獻忠以他在此擔任十幾年社工的經驗，為台北城市散步帶領一場「艋舺社工的一天」。白天聚集在的艋舺公園民眾有八成其實是在此打發時間的長者，多數的街友都是打零工維生，白天必須工作，在公園遊手好閒、等待便當的人只是少數；且免費發送便當無法解決街友的問題，只是讓更多人利用同情心而不願找工作。

在策劃執行「觀察台北的二十個角度」過程中，我有幸認識四十幾位講者。他們代表在這座城市生活的多元觀點，有人是從自己的專業，有人是從個人生活經驗，有人則是學術研究，從不同的視角來看台北、介紹台北。隨著他們的腳步走進台北各個角落，我看到了不同的台北。

社會中許多衝突，或是主流媒體所煽動的議題，是建立在對彼此不認識，或是被刻板印象以偏概全。台北城市散步以戶外導覽解說的方式，講者帶領民眾實際走入街頭，親身體驗不同的環境氛圍，聆聽不同的價值觀。當我們願意放下成見、打破框架，聆聽並尊重與自己不同的意見，我相信能減少更多的社會衝突。

推出「觀察台北的二十個角度」沒多久，同樣關注文化議題的台灣體驗地圖林育正從臉書傳來訊息：「如果台灣旅行的1.0是旅行社或遊覽車國民旅遊，旅行進化的2.0大概就是導覽解說了……『觀察台北的二十個角度』，其實就是在策一檔展！策一檔台北的展，台北就是大展場！所以二十個角度是動線！我覺得有可能是3.0，……所以其實你是搞台北的策展公司。」

多數時間，團隊只是任性地做自己想做的事、做自己認為對的事，難以察覺對於這個社會的價值。好友為我們提出一個新的概念「策展」，深刻影響這兩年台北城市散步所做的活動，讓更多民眾參與認識不同面貌的台北。二〇一七年，兒童暑期營隊夥伴推出「小小策展人的未來城市」，期待我們的孩子也能運用策展的手法，設計出自己的城市。此外，也有旅行社運用此概念作為員工招募的訴求，相信未來將有更多組織、公部門將以此概念規劃各類活動。

註㈠：justfont 接續於二〇一五年舉辦「金萱」字型設計網路群眾募資，成為當時台灣單一計畫募資金額最高的計畫，達到兩千五百九十三萬，成功引起台灣人對於字型設計的注意。

導覽作為一種文化教育

回顧台北城市散步這幾年來，從第一條大稻埕的導覽開始，到今日已經累積了兩百多條路線，以及上千名聽眾曾經與我們在街頭上步行。這並不是在炫耀豐功偉業，而是感謝大家的支持，讓工作團隊有更多的動力提供更多精彩的路線，讓我們知道我們做對了一件事情，讓導覽成為另一種形式的文化教育。

初期，我們打從心底認為台北城市散步，就是一間不同於以往提供旅遊或導覽的公司。我們不只是旅遊與娛樂，或只是認識在網路上可以查到的資料，更重要的是透過導覽與其他多元的形式，以現今脈絡推演過去的史實，讓歷史不是文字閱讀，而是與你我有關的生活經驗。

因此，我們更經常在導覽中穿插某些議題，讓聽眾在看見問題的同時，也能認識到不同的觀點，了解不同立場人的想法，促使大家去思考這座城市所面臨到的問題，進而增進對這片土地的連結與關懷。

用導覽思考社會議題

在地文化的傳遞才是我們的目的；導覽只是我們選擇的方法。唯有離開書本、網路，實際走訪到現場，才會有更深刻的體悟。

有這樣的想法，大概是從前陣子的新課綱爭議開始的。在國立編輯館時代下的課本，教科書上對於台灣的著墨少之又少。我們花了很多時間學習中國的地理與歷史知識，對中國大陸各省份的名詞註解倒背如流，卻可能連自己家旁邊那條河叫什麼名字都不知道。雖然近年來台灣主體意識逐漸抬頭，很多出版品對於台灣描述的比重日漸增加，但第一線學校教科書的內容，仍然隨著執政者的喜好，在部份歷史的描述以及文化的主體性上產生了偏頗。因此，如何讓這世代的人有更多機會接觸到自己的文化，認識自己家鄉的故事，似乎成了當務之急的要事。

既然教科書不提，那就讓我們來說吧！於是我們試著搭上這個話題，將過去有的導覽路線，依照時代的先後順序重新包裝成台北城市散步的「新課綱」，確實吸引了不少年輕人願意在熱死人的暑假和我們一起頂著大太陽，聽導覽老師透過存在街道上的景色述說百年來的台北故事。在這之中，我們想要傳達的是那些看起來很遙遠的歷史故事，其實就發生在生活裡而已。這些事教科書不會講，但並不表示它們不存在，可惜的是我們鮮少有機會去認識它們。當歷史教育僅能停留在背誦專有名詞的方式上，也難怪歷史建物一個一個消失在街頭上或年輕學子對於歷史課本用字與政府產生爭議時，大部份的民眾會無感了。

我們相信唯有直接走到現場，才能對正在發生的事情產生深刻的體悟。這份體悟能幫助你在資訊爆炸的時代中整理出自己的想法，不再輕易地被網路謠言所左右。

兒童的文化教育

反觀過去，我們在年幼時缺少了對台北的認識。

過去的歷史教育中，我們對中國大陸的了解，遠比生活的環境來得熟悉。我們背得出夏商周到滿清所有年代史實，卻對台北這座生活數十年的城市相當陌生。走在街上時，心中知道在信義區矗立著一座高聳的大樓名叫台北一〇一，知道台北是一個直轄市，卻從未知道台北曾有的輝煌歷史。可曾知道有座台北城？台北城西門因日本政府來台而拆除？艋舺與大稻埕是座重要的貿易港口，掀開了台北西區繁華的年代？更令人驚訝的，不是少數的人開口說出大稻埕在萬華區，連曾接觸過的教育工作者、出版業的主編都曾脫口而出，這讓我們意識到在這土地生活的人們，似乎與土地的感情連結已經逐漸消失。

我們少了對這土地的認識，也許也缺少了一次好好認識生活環境的機會。過去這一代的孩子長大了，才有今天台北城市散步的參加者；過去曾經被掏空，現在才努力把記憶彌補起來。不禁讓我們反思，文化教育不再只針對大人，下一代更是應該經營的一塊，我們願意付出更大的努力，將這塊缺口給彌補起來，希望孩子長大走在台北的街道上時，能夠知道除了一〇一大樓以外的台北，能說出這區曾是日治時期的台北，那裡曾是清朝貿易的台北，而這裡是他最喜歡的台北；並且也願意扛起保護文化資產的責任，讓他們的下一代能看見這塊土地上的文化足跡。

在大稻埕親子活動過程中，看見的是家長對自己家鄉的不了解，也看見孩子對他們居住的台北的好奇心。「媽，不是這樣啦，明明就是……」這是在活動中最常聽見的對話，也許親子的導覽活動中，學習者的對象再也不只是孩子，而教學者也從講師的身分轉變成這些孩子。孩子的觀察力與想像力，是文化教育最可貴，也是大人最缺乏的一塊。

文化教育只是政府的責任？

或許有人說，教育體制從過去聯考至今十二年國教，從未有一套令人滿意的教育制度，而文化教育根本是政府的責任，何必費心費力插手這一塊？我們就是了解政府的作為，才更加知道現在不做，將來必定後悔——什麼是政府的文化教育思維？是在課程中增加更多的社區學習單？孩子回家上網搜尋後填入答案？——這真的是我們想要的文化教育？

透過體制外的力量來影響體制內的變化，或許就是台北城市散步現在能做到的。那麼，我們又能做什麼文化教育？文化的定義太廣太難，不如簡單一點，給孩子們一次認識自己生活環境的機會：將艱深難懂的文字，轉化成有趣活潑的故事；將文化議題融合活動與遊戲，讓孩子有機會關心自己居住的空間。像是跟古蹟玩遊戲，把破關的任務設計在導覽活動中，讓孩子與家長能夠有機會在古蹟中找尋答案，而在這找尋的過程中，了解他們所居住的城市。

有人曾問：「孩子那麼小，能理解嗎？」是的，就是因為孩子還小，才更需要了解他們生活的地方。也因為他們還小，仍保有著那單純直接的想法，而透過他們的想法其實更能襯托出社會對文化漠不關心的現狀。在討論的過程中，曾有孩子問：「為什麼要拆古蹟呢？」這看似簡單的問題，卻是至今令人頭痛的問題。讓孩子有這樣的提問，一下午與古蹟互動的遊戲和導覽，就有其價值了。

「什麼？要讓孩子討論怎麼保護無形的文化資產？」沒錯，這是其他文史工作者的驚訝。然而這又有何不可？和孩子的討論並不是要有一個明確的答案，而是在這找尋答案的過程中，讓孩子認識什麼是無形的文化資產，以及文化資產的寶貴之處，加上他們天馬行空的想法，像是「我想要建造一個機器人，可以隨時隨地修復無形的文化資產。」、「要結合app讓更多人知道無形文化資產的重要性。」假如這些都是讓孩子討論文化議題後，他們小腦袋中可以想像出的方法，那有什麼不可以討論的文化議題呢？

我們也很開心，在這條路上不再孤單寂寞。逐漸有家長與孩子願意一起在這街上探索，讓居住在城市中的你我有不一樣的生活方式。

在這城市的人：學校裡的歷史老師

當踏入大直高中的那一剎那，才意識到雖然已經離高中的生活已久，但對歷史課的印象仍是那麼深刻。

其實對於一位學生的文化意識建構，或者意識文化，都脫離不了和教育制度有關。如何編排課程內容，能夠讓現在孩子意識到自己生長的環境，從過去談論去中國化與本土化的教改內容，以及課綱的調整，都會影響著每一代孩子對於文化的意識。

然而孩子真的能夠透過課本，就能夠擁有文化的意識與內涵？文化教育又只有學校的社會科與鄉土教學？而學校的老師是否又該擔起這樣的責任？想要在這一次回母校的過程中，找尋一個似乎沒有真正答案的解答。仍是好奇，究竟當初歷史老師是施展了什麼魔法，使今日回想起來，歷史課仍在心中留下那絲影響的力量。

見到杜老師的時候，仍不清楚要被詢問的種種。當話題切入正題時，他開懷大笑，用那認真的態度回答各種沒有真正解答的問題，總是能切中要害，讓旁觀者的我們更透徹地理解教育現場的狀況。

自從教育開始改革，學生在學校的時間從來沒有改變，改變的是要學的東西越來越多，從原有的基本學科知識，外加看不到的能力（各項才藝，跳舞、音樂、體育、創造力、思考力……），以及諸多的競爭力。「其實孩子有休息的時間，我情願讓他們多休息。」杜老師說，「現在的孩子在學校的上課之外，還有課後的補習，根本沒有時間消化與休息。若文化的意識需要內化，那根本沒有足夠的時間讓他們能夠思考與咀嚼。」這是大部分學生的現況，也是在教育現場，老師們看見的無奈。

不禁好奇，從老師的角度出發，若社會就是一本最好的教材，為什麼不能讓孩子走在街上，認識自己的生活環境？「課程的內容對老師是一定的束縛，不教課本上的內容，就會反映在考試成績。若要安排出外參訪，時間安排與經費預算上也有一定的難度。」從杜老師的臉上，看得出他的無奈，但卻也對未來抱持著希望，「近年的課綱逐漸鬆綁，讓學生能夠有自主選擇的機會，便多少有機會能夠增加文化教育的可能性。相對而言，這又是老師另外一項挑戰，以及挪出更多時間。光是準備既有課程、班級經營、學生大小事，或者還有行政業務，或還要額外的時間，那肯定連休息也沒有了。」

對孩子來說，究竟怎樣才是文化？而又是什麼才是文化教育的內涵？這與每一位教師的教育理念有關。對杜老師而言，能夠以不同世代的思維，思辨不同的文化議題，也許是社會科中最重要的精神之一。同樣的文化事件，會因為不同時代而有不同的思考形式，好比說現代人與日治時代的人，對大稻埕的觀點想必非常不同。因此，如何以不同的時空背景思辨文化事件，是培養文化意識的最理想的文化教育目標。

在教育現場的老師何其之多，但對歷史教育，或者是文化教育有其理想性，及認真對待的老師又有幾位？當多年後回頭思考，社會科學對又能大眾有多少影響？很慶幸也令人感動的，看見杜老師十多年來為社會科的努力，以及他對未來的文化教育的期盼與希望。

文化看似遙遠、毫無重要性，卻是每一世代溝通的語言，是居住在這城市的人，有根的源頭，也是人最有溫度的一面。希望有一天，不用透過教育來提醒，文化就自然地存在於生活的任何角落裡。

戲，在大稻埕街頭上演

走在二〇一七年的大稻埕街頭，很難看出這裡曾經有著「戲窟」美稱。這個老台北的商業重鎮，除了曾經在經濟上交易熱絡外，藝術發展更頗有成就。日治時期台籍茶商陳天來興建可容納千來個席位的「永樂座」、「第一劇場」，戰後歌仔戲演員雲集的「大橋戲院」與播放電影的「遠東戲院」、「國聲大戲院」等等，涼州街更被稱作是「獅館巷」，想找布袋戲班表演，就得去接洽獅館巷上的茶館，這些茶館就擔任類似現在經紀人的角色。當時代更迭，盛況不再，那些過往風華隨著劇場、戲院一一拆除而消逝，無論是在日治時期或是戰後都展現台灣人韌性的大稻埕，是不是有機會能從戲曲演員的故事中，閱讀出它鮮為人知或者遭人遺忘的樣貌？

於是，三個時代，三位戲曲演員，一位導覽員，一場穿梭時空的戲，在大稻埕街頭上演……

在壓抑／極權時期，她在年度舞台力拚，追尋夢想。

那是一位英氣小生，全身華麗行頭已穿好，準備登台。此時楊麗花聲勢如日中天，拍過數十部歌仔戲台語電影。這位小生也希望能在戲曲比賽中一舉成名，藉此登上內台、電視，成為全國知名的歌仔戲演員。

阿春和那個時代許多歌仔戲演員一樣，由於家境清苦，從小被送去戲班當「綁戲囝仔」——早年台灣人生活困苦，有些家庭因此與戲班簽定數年契約，將小孩送去戲班，由此得到一筆戲班支付的費用，時間少則三年六個月，多則幾十年以上的光陰——從小學習歌仔戲的阿春，此刻正在大橋戲院的後台，為參加台灣省全省地方戲劇比賽做準備中。

說起位在台北橋旁的大橋戲院，曾經是全省地方戲劇比賽的場所，當時國民政府為了方便管理台灣各個地方戲曲演出，避免民眾藉觀賞表演之名群聚，便想出了統一比賽的方法。台北橋下由於正好位處中南部人北上的門戶，在當時沒有網路人力銀行的時代，自然在橋下一帶形成人力市場，每天都有許多人前去等待工作，附近的大橋戲院也成了市井小民休息看戲的好地方。在人人力爭上游的年代，歌仔戲演員也於此尋求在舞台嶄露頭角的機會。

一九四〇年代

徬徨／戰末紛擾，曲館四散，他不知該往何處去？

那是一位台北知名的北管戲老師，受人景仰，然而此時大環境的蕭條，藝旦間與北管社的授課機會越來越少。面對即將劇烈轉變的台灣，老師思索著，下一步，該往哪兒走？

與阿旺師相遇在歸綏戲曲公園，對面即是大名鼎鼎的江山樓。江山樓藉由阿旺師這樣的戲曲老師，培養了許多才藝雙全的藝旦，在酒席間與客人談天說地與表演。「登江山樓，吃臺灣菜，聽藝旦唱曲」有此一說流傳著，可見當時文人雅士對江山樓的喜愛。然而隨著二次世界大戰越演越烈，戰爭末期日本戰況吃緊，加深了對台灣的管控，皇民化運動隨之而起，禁鼓樂也讓阿旺師生活頓失重心，對未來感到前途茫茫。

一九二〇年代

愉悅／歌舞昇平，她來此大千世界，華麗登台。

那是一位京劇演員，隨著上海戲班搭船來到台灣，從船上遠眺，可以看到許多洋行，雖不比上海外灘的熱鬧華麗，卻仍是台灣最多洋人聚集之地。這幾場戲的票都賣完了，台北商人們正等著戲班演出，欣賞當時最摩登的娛樂。

台北當時最先進華麗的劇場永樂座內，連續三天將由上海邀請來的京班表演，一千五百個座位幾乎銷售罄空，女主角筱秋已經是第二次跟著戲班來台灣。大稻埕彼時氣派建築的商行林立，即使是來自熱鬧繁華的上海，她也不禁讚嘆這絕代風華的景象。這次來台灣表演的是全新劇目，後台正如火如荼的準備中，筱秋也對即將登台感到興奮極了。

類表演的導覽

以上這些是台北城市散步第一次將導覽以類表演的方式呈現，導覽員也化身成演員之一。藉著與三個不同時代戲曲演員相遇的互動過程，讓觀眾從中發掘大稻埕不同的大時代的氛圍，有的歌舞昇平、有的人心惶惶、有的力爭上游。

除了歌仔戲演員有室內場地外，京劇與北管戲演員都是全身著裝在公開場合等待，也因此發生不少有趣的事。北管演員的場地在歸綏戲曲公園旁的小廟宇「普願宮」，中間等待的過程有一位香客伯伯因為好奇他的裝扮而不斷上前與他攀談，也讓他在閒聊之際還要機警注意導覽隊伍的動態，以免隊伍抵達時卻看見阿旺師與路人正開心聊天，而讓前面導覽員舖陳的故事劇情前功盡棄。

連續三周的表演，其中一天受天氣影響，不得不將京劇演員的場地由原先講好的商家騎樓臨時移到假日休息但有遮蔽的大稻埕郵局。在暖身等待隊伍的同時，京劇演員畫著小生的精緻臉龐，一邊拉筋一邊吊嗓子，讓前來使用ＡＴＭ的遊客一頭霧水卻都露出驚喜——敢情是闖進了哪個表演場合？

歌仔戲演員雖然在室內，但前往表演場地的路上也是笑料百出。完整著裝後頂著高高的髮髻，上計程車的時候卻頭髮太高進不去，全程雖然只是短短十分鐘不到的車程，也是委曲她一路屈著身子抵達目的地。

這些中途的趣味小插曲，雖然增加了整個表演的不確定性，但也正是這種活動的珍貴所在。必須時時刻刻注意身處的環境，在與環境（包含觀眾）交叉互動下，每一場表演都會隨著

第一次表演的北管演員（攝影：ilid chou）

這些變因而獨特，因此愈發珍貴。

大稻埕，在台北發展史上以商業利基站穩腳步，隨之迸發的傳統戲曲娛樂卻在時光流逝中不復見，而我們希望以這樣有趣、輕鬆的方式，帶領觀眾一睹「屬於老台北的娛樂」風采，也展現大稻埕更常民生活的一面。

去〇〇，不去老街

八年前與一群友人到三峽老街走春，恰巧碰上三峽清水祖師廟祭典，數隻大神豬被豎起於老街入口，這對第一次看到此景的「台北俗」實在震驚。走進老街，金牛角店員，在擁擠人群中穿梭叫賣。街上有好幾間金牛角店鋪，還有的品牌不只一間店面。大夥好不容易掙脫人群與叫賣，走出老街就決定離開。我只記得這條街有一堆金牛角與神豬，並決定以後不要再來三峽老街。

直到去年參加一場夜晚舉辦的三峽清水祖師廟導覽，傳統裝飾被夜間燈光照亮，不禁讚嘆李梅樹主持祖師廟重建的功力，才翻轉了對三峽老街的不良印象。不久，同事安排員工旅遊前往拜訪甘樂文創，林峻丞與我們分享在三峽經營的經驗與理念，也提到他們最近正在策劃一條導覽路線，不帶民眾走三峽老街，而是老街以外的巷弄與街道，拜訪在地人會去的老店。於是我腦中突然有了靈感，現場就交代同事，來規劃一系列「去〇〇，不去老街」。

老街和你想得不一樣

同事柏安寫的文案：

《去〇〇，不去老街》

還記得上次去老街時，你手上拿的雞排和珍奶嗎？

那麼你一定也還記得，去另一條老街時，你手上拿的還是雞排和珍奶吧！

最後連你家旁的夜市都買到一樣的東西之後，

「啊！怎麼老街和夜市都長得一樣！」

其實，很多地方，不只「一樣的老街」。

提到大稻埕，多數人直覺「大稻埕＝年貨大街＝迪化街」，實際上年貨大街僅是過年前的一項活動，迪化街僅是大稻埕的其中一條街而已。若要認識大稻埕就不能僅在迪化街，周邊街道代表大稻埕的各個時期及各種產業聚落，如日治初期開通的太平町（延平北路一二段）是大稻埕的生活娛樂產業聚集處，咖啡廳、百貨公司、戲院多位於此。

九份基山街、輕便路不管週末或假日總是人滿為患，日本遊客絡繹不絕，除了阿婆芋圓、阿美茶館、昇平戲院之外，還感受到了九份礦業山城的生活嗎？透過文化銀行引薦認識的曾郁嫻和曾建文大哥，我們「去九份，不去老街」第一站就到九份礦工上工前祭拜的福山宮，途經九份公墓，看到命喪異鄉的九份羅漢腳的墳塋，最後到金礦博物館，由曾大哥介紹博物館內珍藏的礦工器材、礦物標本，並實際示範河岸淘金技術。

至於士林，直覺想到士林夜市、豪大大雞排，多數人一定不知道在士林夜市內藏著一間市定古蹟慈諴宮，是漳州人發展的根據地。

愛貓人士在猴硐放養大量貓咪，結果猴硐在短時間變成貓村，政府興建貓橋，人們忘了當初這裡是台灣重要煤礦產地。

大家都知道板橋林家花園，除了林家花園之外，板橋還有什麼呢？舊板橋火車站形成的生活圈、以慈惠宮為核心的祭祀圈，還有黃石市場、湳雅市場等板橋人的生活。

老街夜市化

夜市原本是自然形成的集市，代表當地人的生活方式，也被當成台灣對外觀光宣傳的賣點。近幾年台灣老街觀光發展，街上店家為了迎合觀光客，出現各種夜市型態的攤位，雞排、章魚小丸子、烤魷魚、珍珠奶茶等等，販售的商品與台灣其他地方無太大差異，商業銷售與地方脈絡嚴重脫離，老街建築變成夜市裝飾。觀光客只看到滿街夜市攤位，難以感到原有的街區氛圍——這是台灣各地老街觀光發展非常嚴重的問題。

年貨大街最初是由迪化街店家自己擺攤販售，銷售過年用到的各類乾貨食材、禮品布匹，近年攤位多由外來者承租，拖鞋、刀具、熟食等菜市場產品，甚至出現夜市玩具拍賣、打彈珠、烤魷魚等等，連大賣場都來推銷會員卡。年貨大街失去原有的特色，變成大稻埕其中一個夜市、菜市場。活動期間突破塞車與人潮，來到年貨大街的外地觀光客，可能多數人都不曉得他們根本沒感受到真正的大稻埕。

某次「旅行時光民宿」接待一位馬來西亞年輕人，他問我怎麼去九份。我建議他不要去九份，那裏觀光客太多了，但他說姊姊交代一定要去九份買××餅，那是我從未聽過的伴手禮，也忘了是什麼名字。幾天後他要回國前，我問他有買到××餅嗎？他回答他在淡水就買到了——你以為某地獨特的伴手禮，可能在這波老街夜市化的流行下被帶到各地，結果老街、伴手禮都失去特色。

到處是不搭的彩繪

這股彩繪風潮最初可能發源於台中彩虹眷村，榮民黃永阜爺爺在即將拆除的眷村建築上創作，各種極具生命的原創圖案賦予眷村違建新的契機，最後台中市政府與國防部協調後，彩虹眷村被保留下來，黃永阜爺爺得以繼續住在自己的家。彩畫不需要花費大筆經費，因為社區營造、農村再造等計畫推動，全台灣各地出現越來越多的彩繪村；有的是社區長者繪畫，有的是藝術家創作，寄望以此作為吸引觀光客的賣點，活化人口老化或流失的社區。發展到後來還出現3D立體彩繪，甚至連各縣市政府的公共建設也開始出現彩繪。

某些村莊的確靠著彩繪吸引到外來觀光客，解決社區問題，卻也衍伸出其他問題。彩繪很容易模仿複製，對觀光客來說全台灣到處都是彩繪村，去哪個村落似乎沒有太大的差異，就算去了某地，也只顧著在彩繪前拍照留念。彩繪改變社區原有的樣貌，創造新話題，卻也掩蓋原有的歷史軌跡。不僅觀光客看不到社區原有的生活，各個社區反而失去自己特色。另外還有侵權問題，各種日本漫畫遍及全台灣彩繪村，海賊王、七龍珠、龍貓、小叮噹等等，甚至嘉義新港南崙村全村幾乎都是龍貓彩繪，相信應該沒有得到原創作者的授權。

馬祖東引中路房屋建於山坡，水泥灰牆顏色樸質，建築錯落於坡地之間，別具特色，但二〇一六年東引鄉公所執行景觀改造工程，在屋舍外觀漆上各種顏色，或許是為了仿效國外村落，如義大利五漁村、南韓釜山甘川洞，但也有人認為此舉讓地方失去特色。台大城鄉所康旻杰教授以哥倫比亞第二大城美德音（Medellin）為例，二〇〇〇年新任市長 Sergio Fajardo 為了解決美德音的貧窮和犯罪等議題，把被剝削的貧民視為規劃夥伴，舉辦想像工作坊，由下而上改進各種公共建設，沿著美德音山城新建電扶梯等等，而我們卻只看到建築表面上的塗鴉。

不只是給觀光客美好的想像

近期另一個爭議案例，是新北市古蹟淡水福佑宮於重建街的樓梯和牆面，以3D彩繪淡水景色，只要 Google「福佑宮，彩繪」就會跳出正反兩面的意見。部落客、媒體報導淡水多了一個新亮點，但另一方面則是福佑宮是文化資產，彩繪可能對其造成破壞，且已少有人知道重建街是淡水第一街的歷史意涵，於階梯、牆壁上的塗鴉彩繪似乎是抹去了它的過去。

不只有彩繪，台灣各地縣市政府經常以脫離地方脈絡的觀光建設，想要在短期內吸引觀光人潮。苗栗縣政府在後龍興建一棟客家圓樓，看起來似乎與客家人有連結，但實際上台灣客家人與福建閩西客家人是不同的文化脈絡，把福建土樓蓋在台灣苗栗，等於是移植別人的文化硬插在自己的土地上。全世界都知道義大利威尼斯的貢多拉船是當地的交通工具，後演變為服務觀光客、成為威尼斯的象徵，然而高雄市在愛河推出貢多拉船服務，相信沒有人會覺得在愛河搭貢多拉船可想像在威尼斯遊河。

最具爭議的則是高跟鞋教堂，觀光局雲嘉南風景區在台南北門興建的水晶教堂營造出吸引人的景色，於是二〇一六年在嘉義布袋興建高跟鞋教堂，剛開幕時搭上春節假期觀光熱潮，吸引二十萬遊客，但實際上周邊相關設施尚未完工，無法吸引人們再次到訪。隨著話題趨緩，高跟鞋教堂、水晶教堂人潮不再，台灣政府也開始檢討這一系列觀光政策的影響，並終止後續鑽石教堂、貝殼教堂的計畫。

觀光活動若只是為觀光客營造美好的想像，結果將超出地方乘載，破壞地方文化、自然環境。

以雙心石滬聞名的澎湖七美，旺季每日湧進數千名觀光客為了看石滬的美麗景色，大量的觀光船入港影響七美南滬漁港漁民出海，載運觀光客的車輛則佔據港邊車道，加上觀光客帶來的垃圾，七美居民積怨已久，於二〇一六年六月漁船集體佔據碼頭，使得觀光船無法靠岸，最後觀光船轉去另一個離島望安，使得望安被擠爆。

近幾年屏東小琉球是熱門旅遊景點，遊客人數已經超過百萬，民宿越開越多，甚至造成琉球當地迎王祭典時無水可用。

二〇一二年，台北師大夜市的爭議，由於過多的餐飲、服飾業者進駐商圈一樓，影響二樓以上的居民生活，居民與店家形成對立。

大稻埕年貨大街每年帶來的人潮、車潮也對地方居民生活產生影響，尤其年貨大街過後所產生的大量垃圾，更破壞地方環境。

再看世界各地的案例。雲南麗江古城一九九七年被聯合國指定為世界文化遺產，吸引大量觀光客，光是古城區就開設超過三千間民宿，但原有居民去哪裡了呢？他們搬到新城區，把老家租給外來業者開設民宿和商店。麗江原有聚落生活面貌已經全部被破壞，僅剩下老建築空殼。

由高第設計的聖家堂吸引三千萬遊客到訪巴賽隆納，市區被觀光客擠得水泄不通，國際資本購買交通位置優越的土地興建觀光旅館，把房地產炒作到天價，巴賽隆納政府為了遏止觀光過度膨脹，二〇一七年開始限制市區旅館數量及 Airbnb 等住宿平台的房間數量。

京都觀光局發行「京都觀光禁忌手冊 AKiMaHen」，舉出觀光客在京都必須要注意的十九項禁忌，像是未經舞伎同意不可拍照、請勿帶帽子或墨鏡進入神社、請勿自帶任何飲料進餐廳等等，以遏止觀光客觸怒京都居民、店家。

了解文化特色，呈現真實樣貌

觀光產業雖是無煙囪工業，過度發展仍會對地方環境造成破壞，因此公部門在擬定觀光政策時應首要衡量環境乘載。依照台灣的民宿管理辦法第五條民宿之設置，第一項到第八項是可以設置於風景特定區、觀光地區等，第九項則限制「非都市土地」，也就是說台北市、新北市多數地區無法設置民宿。二〇一六年，台北市都市發展局修訂「大稻埕歷史風貌專用區計畫」，預計在條例中增列大稻埕歷史風貌專用區開放設置民宿，可想而知，如果台北市、新北市的都市區域只有大稻埕可以設置民宿，那麼大台北地區業者將湧進大稻埕設置民宿，大量觀光客湧入大稻埕將嚴重影響在地居民的生活品質。因此，我多次參與「大稻埕歷史風貌專用區計畫」修訂會議時，皆要求都市發展局必須針對民宿做總量管制，限制民宿只能開設於歷史建築、歷史性建築、古蹟等，方能限制民宿數量，並凸顯大稻埕的文化價值與地方生活特色。

對於民間經營者或各個社區，如何避免粗製濫造複製的老街夜市，或過度製造給觀光客的美好旅行體驗，其實最簡單的作法即是呈現地區最真實的面貌，並由深度訪談蒐集地方文獻資料、自然與文化資產，確實了解屬於自己地方的文化特色，自信地對觀光客呈現最真實面貌，推展屬於自己的文化觀光活動，才能與其他地區做出特色區隔而長久經營。

去士林不去夜市導覽（攝影：葉文茹）

行走，體驗城市的節奏

很多時候，行走的體驗決定了我們對一個城市的認識與感受。這讓我們不由自主地下了許多主觀判斷，而這樣的第一印象非常強烈，除了一般常下的評語如「真的是充滿生氣啊」、「是一個蕭條的城市」，甚至還可能衍伸出「真是一個懶散的城市啊」、「感覺當局很不會做事」、「想必住在這裡的居民都很有品味」等等自行消化了眼前景象後的結語。

行走之間所能接收的資訊其實超乎想像：舒適的街道相較於百廢待舉於街邊的公共設施；規畫良好的人行步道與以車為尊的道路設計；這個城市對兒童友善嗎？這個城市喜歡擁抱傳統或熱衷革新？走動之際，對於這個城市的想像也慢慢刻畫進心裡了。

吉隆坡與台北

二〇一七年，我在馬來西亞吉隆坡東邊的八打靈再也（Petaling Jaya）的哥打白沙羅（Kota Damansara）一帶住了兩個月。根據當地朋友說明，這個地區算是新興區域，熱鬧也不過近十年的事。每天早上我從 Airbnb 住家出發，步行十分鐘左右到剛開通不到幾個月的捷運站（MRT），途中經過一所大學——如果能從學校直接橫越，可以減少一點步行距離，奈何此處門禁森嚴，入口處有至少一位、有時是兩位的警衛看管，沒有配戴學生或教職員證件是沒辦法進入的——搭乘一站捷運後下車，再步行十分鐘左右抵達我每天上課的瑜珈教室。

聽起來非常稀鬆平常的路途，卻每每令我馬來西亞同學們吃驚。除了我沒有遇上他們耳聞過的搶劫外，主要原因是他們知道這個區域對行人而言有多麼不友善。每天這樣來來回回走路的我完全可以理解他們的想法，在台北可以找到每天搭乘大眾交通工具通勤的人，但在這裡沒有車就如同沒有腳，即使捷運開通，但與火車（此處稱LRT）等並未連接，他們總說若你要從A點到B點再到C點，搭乘大眾運輸常常結果就是你要先從B回到A，才有辦法到得了C。結果讓這裡的人習慣以車代步，又如此使得整區的規劃彷彿忘了行人一般：馬路上沒有斑馬線，事實上可以說，其實根本沒有地方要讓行人過；行人要過馬路這件事不在假設中。我每天必須自行穿過寬闊的六線道——說起來雖然可能有點嘲諷意味，但此區的路大多規劃成良好的單行道，前三線我只需要注意一邊來車，在分隔島中間還可以好好休息一下，再注意另一邊來車，讓這個橫跨變得輕鬆一點。

有天下了捷運站走回家的路上，發現大馬路上看似有公車亭，定睛一瞧，真的是公車亭沒錯，但前後方並沒有看到任何斑馬線或相關標示。為什麼要放人在一段車速極快的路段中下車，卻又不設置任何安全措施呢？在我錯愕的同時，突然覺得不能龜笑鱉無尾，因為這情形不禁讓人直接想到台北市區的腳踏車道，總在 Ubike 一騎過馬路上畫著大大的自行車符號後，緊接而來的人行道卻一連好幾個公車候位亭，此時就須要展現高超技巧來閃避等車的行人，或是明明前一秒還有自行車道的圖案，下一秒完全要與機車、汽車爭道的狀況也見怪不怪。

不過這樣武斷的批判台北也有違公道，畢竟台北可是第一個將紅綠燈上的小綠人標誌轉化成俏皮奔跑的動態小人，隨著倒數秒數減少，小人還會越跑越快。這讓行人過馬路時既可添增一點危機意識卻又不失趣味，這樣的設計對行人來說非常貼心，也讓當時在吉隆坡的我強烈覺得一個愛走路的人被兩個城市捧在手心的程度差異。

河內的「自由」交通

另一個行走間讓我留下深刻印象的，則是越南河內。在越南的時候，剛好看見一篇文章，一位西方人講他初來乍到胡志明市時，被混亂的車潮嚇得到不了就在對面的飯店。當然一段時間後他掌握了過馬路的技巧，甚至搬到交通比胡志明市更加混亂的河內去住了。他的文章整體而言分析得非常有道理，其中說到，過馬路的秘訣大意就是「心中無車，並且勇敢踏出第一步，途中不要任意改變行徑速率，也就是不要突然暴衝或因害怕慢下腳步，這樣會讓駕駛無法判斷方向與速度，反而更加危險。」這我可是非常同意啊！

旅途中我總是開玩笑與同伴說，雖然越南是共產國家，但卻是我見過交通最自由的國家了。想怎麼開車就怎麼開車，機車騎內線道、違規迴轉……真的還好。而逆向，則是小事一樁不足掛齒。行人在車陣中並行，也沒問題啦！越南駕駛的脾氣與禮讓行人的態度甚至讓我覺得遠超過台灣，或者該說駕駛與行人早有默契，保持完美的一公分君子距離，相安無事。

這是一個徹底混亂的城市：路邊上的每一幢建築如果鏡頭對焦，僅僅鎖定在它身上時，你會讚嘆好美好美呀。但是當眼神拉開，整個城市映入眼簾時，又會覺得好亂好亂啊。但是

河內（攝影：廖湘婷）

我偏愛這樣的混亂；一點也不乾淨，那裡一搓、這裡一叢的攤販遍地開花，路人隨興坐在矮塑膠板凳上吃著小吃，美中不足的大概是路上垃圾也是遍地開花，並且以塑膠製品居多。

除了視覺衝擊外，聽覺更是我對河內的重要記憶點。在河內老街上的三、四個小時，耳朵工作的程度大概是我在台北街上的三、四天吧！對街道上川流不息的汽機車駕駛來說，喇叭是他們對彼此示意的一種方式。在我看來雖然是在警示，但更像在說：「嗨，嗨，你好，我有看到你，你還是擋在前面不走沒關係，我繼續提醒你我在後面，我要轉彎囉，我要直行囉，我要逆向囉，任何狀況、任何狀態，甚至我只是想按喇叭也是一種狀況。」白天的街上就是這麼一副熱鬧的樣子。很多時候我都自動忽略這些喇叭聲，就好像進入有異味的房間，過一段時間後就習慣了一樣，這些喇叭聲已經成為自然被我忽略的背景音樂，但還是不時有破壞這個氣氛的長鳴，或者激烈急促的持續喇叭聲，像突然有個人在密閉房間放了一個極臭屁，迫使你不得不皺起眉頭。

河內街道的風景、聲音與味道，讓它成為一個非常符合西方人對於亞洲城市刻板想像的地方。很多機車，很髒，很吵，很混亂，但很異國風情。即使像我這樣一個看慣機車的台灣人都深受吸引，更別提魚貫湧來的歐美日韓旅客了。

回到台北

話雖如此，台北很大，也是有碰壁的時候。

二〇一五年，我們跟著成長自澳門，十八歲開始落腳於台灣的建築大叔何庭峰爬上了連接台北與三重的水泥橋樑。在一座擺明不是設計給人走的橋上發現人行步道十分吃驚，因為光是要抵達上橋處就已經是困難重重。橋在淡水河堤外，首先要穿過一小段沒有斑馬線的機車快速道路，接著行經路段既隱密又狹小，再搭配穿梭於因快速道路而直插下來的水泥梁柱，很像是突然看見有幾個人窩在一旁吸毒也毫無違和的場景。建築大叔形容這段路很「超現實」，現在回想起來的確是很魔幻沒錯。橋上機車近距離呼嘯而過，風聲與引擎聲擦過耳際時讓心跳漏了一拍，不曉得是景色太美直逼雪梨大橋，還是一路走來太過艱辛，此刻，從橋上望出去的台北，讓這一切都值得了。

思考一下，在行走之間，是什麼讓你把一座城市印在心裡？它不必是完美無瑕的，也不一定是最美的，卻是走著走著的不知不覺中，心被餵養了，而替這座城市留下一個小小位置。

台北城市散步在規劃每一場導覽之時，正是這樣希望——讓你走著走著，就把台北刻畫在心中。而我們都知道，台北不是完美無瑕的。

在這城市的人：深夜果菜批發市場工作者

凌晨三點，在大部份的台北人都進入最甜美夢鄉的時候，有一群人的戰場才正要開始。

位在萬華華中橋下的漁產、果菜批發市場，是台北市的飲食命脈，這裡每天供應著台北市民一天所需的食物。有別於大部份人朝九晚五的生活，批發市場的人們，為了確保隔天能準時供應新鮮的食材到各大市場和餐廳，他們披著夜色，在深夜的市場裡拉開嗓門，加緊腳步的工作著。

小高是這市場裡的一員，每天凌晨三點準時到批發市場內報到，從觀察當日到貨的蔬果品質開始，拉開他一天工作的序幕。在此之前，小高只是一名普通的業務，先後從事過汽車和眼鏡的販售工作。無奈網路事業逐漸發達，越來越精明的消費者從被動接受推銷，變成主動蒐集相關資訊、比價後才上門購買需要的商品。工作越來越辛苦，利潤卻越來越薄，讓他萌生退意，回到南萬華的家。

由於家鄰近批發市場，因此鄰居大部份都從事與市場相關的工作。回家後為了找點事做，他先是幫忙鄰居送貨，過起了日夜顛倒的生活。就這樣過了一陣子，自己也開始慢慢摸熟市場的工作形態後，決定試著自己做看看。於是找了朋友合夥，就近開了一間食品加工廠，從此正式展開了他的市場生活。

小高入行至今已經有六年的時間，主要的工作為接洽各餐廳的訂單。每天清晨從選貨開始，先看清楚今天想要競標的蔬果標號。因為他是食品加工業者，因此在挑選上不太需要重視菜色外表的美觀，價錢和鮮度合理即可。再來由於每種蔬果拍賣的時間不同，他必須算準時間到各區的拍賣現場參與競價，免得想要的東西被人標走，自己沒有買到可就不好跟下游業者交待。得標後再將貨物運送到加工廠，進行切菜和分裝的工作，最後趕在餐廳營業時間前，將貨物送交到業者手中。接下來這些餐廳業者料理出的美食，就是你我每天吃的餐點了。

由於工作形態特殊，小高必須過著和大部份台北市民不一樣的生活。他的就寢時間大約是晚上八、九點，並且在三點前就一定會起床，因為必須趕在拍賣開始前進到市場內確認完目標蔬果的品質。一天的工作大約早上十點就會結束，接下來就都是自己的時間了。聽起來

深夜果菜批發市場工作者（攝影：蘇柏安）

很令人羨慕，但可別馬上就想上網找相關工作，因為市場工作者的休假是配合農曆日期，一個星期也只有一天的休假日。而像是三節和元宵等食材需求較大的節日，通常也都是隔天才能補假。「所以我們出去外面玩，幾乎到哪都還是遇到市場裡面的人。因為大家的休假日都一樣啊！」小高打趣地說。也因為作息時間都一樣，深夜除了這夥人以外，也很少有外地來的人，因此每個人雖然叫不出名字，但大多都彼此認識。

像這樣與大部份的人工作時間不同的深夜工作者，我們難免好奇他的生活會不會因此有些不習慣？小高則說：「其實習慣就好了，沒有什麼特別不適應的地方。倒是以前做業務所需要的『夜生活』沒有了。」

整個批發市場週邊像小高一樣的工作者非常多，而平常白天我們都不容易見到他們的身影，但這些深夜的工作者們，卻是支撐起台北人一日伙食需求的重要族群。也許你剛剛吃下肚的便當，就有可能是小高今天清晨上批發市場買來的菜呢！

新住民與移工

母親退休前最後一個工作的早餐店，老闆娘阿鸞來自越南。

一九八二年生的她來台灣已經十五年，換算起來當台灣的孩子多數還在無憂無慮念大學的年紀，她就嫁來台灣。當時是二〇〇二年，台灣社會正處於企業資金外移且大量引進外籍勞力的階段，女性教育程度逐漸提高，就業普遍，這些都加深了台灣低技術性男性勞工求偶上的困難，未婚男女比例男性高出女性較多。

雖然早在一九六〇年代就有仲介開始將東南亞女性婚介至台灣，但真正蓬勃發展的時期，還是從一九九〇年代開始。阿鸞就這樣跟著一波仲介婚潮，希望能改善家鄉父母環境而嫁來台灣了。前陣子引發關注的越南藝人，有著與阿鸞相似的來台背景，但一直到被人揭露她實際上是來自越南以前，都以台越混血、花蓮長大的身分示人。

從一九九〇年代開始，隨著婚姻移居台灣的新移民女性逐漸增加，其中以中國大陸佔最多數，越南次之，接著是印尼、泰國與菲律賓。在教育部二〇一六年的報告中（註㊀）顯示，二〇一五學年度中，新住民就讀國中、國小的子女人數為二十萬八千人，占總就讀人口的10.6%，表示每九個國中、國小學生中，就有一人是新住民子女。

新住民，不用隱瞞身分

台灣從清朝開始實施的漢化政策，就希望藉由漢人與原住民通婚的方式淡化原住民血統與文化，讓漢人得以把持資源。日治後期的皇民化政策，從語言與姓氏著手，想將台灣人徹底同化。二戰後國民政府來台，又以國語運動（普通話）來貶低台灣人的母語價值。

小小的島上政權更迭，但同樣希望透過消弭某族群的文化來達成統一的目的。這樣的情形，其實也發生在二十一世紀的現在，甚至更令人感到難受的，是這樣消弭的手段，其形成的原因，許多時候來自新移民母親本身刻意或消極的態度，而台灣人的歧視則是直接的推手。

從越南藝人刻意隱瞞自己的身分中可以明顯看出，許多台灣人對來自東南亞國家移民的看法並不正向。像是阿鸞在台灣第一間工作的便當店，老闆娘因為她是越南籍而對她態度不佳。但這僅僅是眾多東南亞籍、中國籍配偶在台灣要面對的諸多困境中的極小事件罷了。長久面對不平等待遇，讓許多新移民母親渴望自己的孩子能夠被視為純正的台灣人，選擇不主動讓小孩學習她的母語。但「外國的月亮比較圓」的感受我們多少都經歷過，也知道這樣缺乏自我文化認同的想法很難建立起一個人的自信心。長期以無視甚至貶低其文化的方式，非但無法讓新住民的孩子真正融入台灣社會，還會讓他們產生自我身分認同的困境，對台灣社會有疏離感。

二、三十年過去了，突然間新南向變成一個熱門的詞彙，東南亞經濟開始復甦發展，政府喊著新南向政策的口號，教育部更宣布二〇一八學年度起，課程綱要將國語文、本土語文、新住民語文、英語文及第二外國語文皆列為「語文」領域。其中，新住民語文以東南亞國家語文為主，小學階段的學生將從本土語文及新住民語文中，依其需求任選一種必修，每週一節。（註㈢）同時政府也將積極擴大台灣與東協各國的人才交流，簡化簽證的申請方式，增加東南亞、南亞的學生來台留學的人數，以及教育部編列預算讓新住民子女參訪父母的原生國家和學習語言等等方案。

如果不是東南亞開始成為一塊經濟發展熱地，我們的政府何時才會注意到早已在台灣落地生根，悄悄改變台灣人口結構的近十五萬東南亞新移民女性與新移民二代，能給他們自豪地說出我來自何方的勇氣嗎？唯有自信的父母能養育出自信的孩子，我們希望來自東南亞的新住民不是因為他們的國家有了經濟價值才受到重視，而是這塊土地上的我們共同創造舒適自在的環境，任何人可以不害怕說出自己的背景——一個沒有歧視的環境。

勞動力也是人

另一個被嚴重忽視的群體則是來自東南亞的移工們。

一九九二年台灣開放外籍勞工來台工作以來，到二〇一七年在台灣工作的東南亞籍（印尼、越南、菲律賓、泰國）移工已超過六十萬人；他們支持著台灣基礎建設與家事服務。

這樣一大群在台灣辛勤工作、生活的人，卻被包裹在「外勞」一詞之下，於是有許多台灣人只看見沉默的工作者，而忽略了他們擁有的多元文化、該享有的權益，以及對不同族群的尊重。於是，台北城市散步與長期關注東南亞議題的「燦爛時光」東南亞書店合作，於二〇一六年開始定期舉辦台北小印尼、南勢角緬甸華僑聚落兩大主題導覽。

多虧了燦爛時光在這個領域的深耕，兩個主題除了書店本身策展人為導覽主講人外，還邀請相關移工／移民來當第二位講者。台北車站周邊、北平西路一帶被人稱為「小印尼」，除了北車大廳是印尼移工的聚會地點外，華陰街上有穆斯林聚會所，北平西路上還有成排販賣印尼食物的攤販。這樣一個充滿印尼元素的區域，對台灣人來說可能是體驗異國（印尼）美好想像的地方，但對於實際身處異國（台灣）的印尼移工，可能只是現實生活中難得的慰藉。同樣的地方，不同的人就有著極為不同的想像與意義。於是，這場導覽從雙方人馬一起在台北車站大廳席地而坐開始，交流彼此心目中對於這個場所的符碼。

當天同時也是燦爛時光書店行動圖書館在北車大廳駐點的日子，為了方便東南亞朋友們，每個周日書店志工會拖著一皮箱的東南亞語書籍到這個移工的大客廳，讓他們不必在休假時大老遠跑去南勢角就能租書。那天駐點的是一位來自菲律賓的爽朗阿姨，她說第一次拖著一只行李箱，準備從雇主家中前往台北車站時，剛出門就被攔下來，原來是雇主看她拖著這麼一個大行李，擔心她要跑了，於是她只好把一箱的書攤開來以示清白。後來燦爛時光的員工神通廣大找來一個透明的行李箱，現在她拖著箱子出門，雇主也不擔心了。

台北小印尼導覽實況：坐在北車大廳的人們（攝影：張教煌）

遇上這種事還能和我們一起坐著談笑風生，我發現大部分參加者被這群願意和我們交流的移工們所展現出的堅毅氣質給折服，有讚賞也有心疼。「我們要的是勞動力，來的卻是人。」（註㈢）這大概是難得可以用正面的態度解讀這句經典名言的時刻。

隨意問一個移工的工作經驗，可能是杜拜兩年、新加坡兩年、台灣六年這種驚人的跨國移動經歷。他們投注了青春歲月在辛苦的勞動工作上，除了體能的負荷，還有語言文化障礙的壓力，更多時候是被不健全的勞動條件壓榨。若我們願意正視移工的處境，並且視他們為獨立的個人，當知道每個人背後有不同的人生故事，和我們一樣生活有喜有樂、有苦有悲，一定能更感同身受地去看待移工們吧。

台灣，一個小小的海島國家，從十七世紀漢人陸陸續續遷移至此起，就注定開啟一個將由移民組成的社會。除了島上原有豐富的原住民文化，接著漢文化裡多元的閩南、客家與漢人習俗交融，現在更有來自東南亞的廣大移民。我們應該試著關注每個文化的獨特性，而非區分高低或用數量優勢壓迫少數族群，甚至也不要因為現實的經濟考量而有不同的態度，才能夠真正展現這個島嶼的開放精神。

註㈠：教育部統計處——一〇四學年新住民子女就讀國中小概況。

註㈡：教育部全球資訊網二〇一六年二月十七日訊息公告——一〇七學年度新住民語文課程實施相關規劃。

註㈢：原文來自瑞士作家馬克斯・弗里施（Max Frisch）：「We asked for workers, we got people instead.」

城市無間道

酒店媽媽桑與三七仔

小房間裡有我、日式酒店媽媽桑席耶娜與三七仔（直接一點的意思就是皮條客，委婉一點的稱呼是介紹人）Chi。為了「城市無間道」系列導覽，我們找上了在林森公園往南一帶日式酒店林立、俗稱條通區域裡，一位不太典型的日式酒店媽媽桑席耶娜，與她討論怎麼規畫一條以此區域為主的導覽路線，而她，也將會成為此路線的講者。說席耶娜是非典型媽媽桑，因為她豪邁的氣質跟之前訪問過的另外兩位同樣是日式酒店媽媽桑不大相同，後者說話頗符合「日式」形象的輕柔婉約，而席耶娜則十分大喇喇，在我訪問 Chi 與她本人的時候也常笑說我問的那些問題都太小兒科。

Chi 跟我想像中的三七仔完全不一樣，沒有嚼檳榔、穿拖鞋或刺青（我這才發現自己的想像多麼貧乏與傳統，甚至有點歧視了吧），反而穿了稍嫌正經的襯衫。我們就約在離他待會工作地方不遠處，若我在街上看到這個人這身打扮，絕對會把他當作是一個路過的行人，而不是正在埋頭工作的介紹人。Chi 是子承父業，在條通一帶混了也有十來年，他很年輕，才三十來歲，孩子剛出生，太太完全清楚他的職業。由於這帶的夜生活多針對日本商務客而結束得早，Chi 的工作時間約莫是傍晚五點至凌晨一點。工作內容是什麼？就是盡可能與講日語的人搭訕，不論他們只是想找間酒吧喝喝酒，去日式酒店享受小姐提供席耶娜口中「販售的愛情」，或者露骨一點，找個人來一夜魚水之歡，Chi 都有名單可以介紹。若成功轉介客人，就可以從店家或小姐中抽一筆佣金。Chi 說起話來有條有理、不慍不火，他說自己能成功累積熟客的原因就是流利的日文加上絕不欺騙客人，在行事小心謹慎的日本人中建立起信任，自然新舊客戶不斷。那麼，收入好嗎？他僅僅含蓄地說，看狀況，有時落差挺大的，但跟六、七年前日本景氣好的時候比起來，現在真的少多了。最後我問他，如果可以再選擇一次，還會想做這個工作嗎？Chi 也回答得坦然，這個工作不偷不搶、不逼良為娼，所以不後悔，但卻也老實說年輕人若有機會就找別的工作去吧，除了薪資不固定外，「畢竟這的確不是一個可以很輕易跟別人開口的工作。有人問起我不會說謊，但也不會主動提起。」

日式酒店的桌面酒杯擺設（攝影：邱翊）

此時席耶娜緩緩開口，「我們店裡的妹妹有很多人也沒辦法跟朋友或家人說在林森北路工作，雖然我們都知道她們的工作內容很單純，但就是沒辦法說出來。」是的，一般的日式酒店，是沒有性交易服務的。然而林森北路這幾個字一出口，通常說者可能會有點羞赧，聽者則會露出一抹饒富興味的微笑。這樣不明所以的曖昧情境常常發生，主要是因為這條路素來以酒店聞名，無論是脫衣拚酒的台式酒店，或是近乎情止乎禮的日式酒店，都在這裡發生。這樣神祕的一條街，多數人對它的認識也多是接收報章雜誌或電影情節裡的幫派鬥毆、兄弟鬧事，總是覺得離自己的生活太遠太遠。

角頭兄弟的故事

不遠處林森公園以北的另一端，過往更是理容院、電動玩具店與酒店充斥；現在前兩項沒落了，但台式酒店至今依舊站穩腳步。在二、三十年前台灣錢淹腳目的盛況下，酒店一天動輒現金六、七百萬收入跑不掉，而有油水，自然就引來幫派割據——這是阿傑的故事。

有機會認識阿傑，原本是為了規畫富陽公園的生態導覽，由一個聽過阿傑導覽的友人強烈推薦後連絡上的。沒想到不聊則已，一聊驚人，誰知道現在整天帶著孩子在戶外跑跳，出了好幾本昆蟲書籍的自然專家，從小是在中山區跟著大哥混大的。年輕的時候，只要穿著一身黑，跟著大哥去「坐在」電動玩具店裡，在店家奉上一只信封袋後離去；錢來得容易，去得也快。直到在幫派廝殺中看見兄弟被開腸破肚，阿傑為了從小相依為命的奶奶退出江湖。洗白的阿傑在自然生態中找到一片天；問他會不會擔心我們規畫「城市無間道」這樣的導覽毀了他老師的清新形象？阿傑坦蕩蕩地說不怕人家知道他的過去，因為正是過去的他造就了現在的他，讓他比任何人都珍惜任何一個得來不易的機會。

阿傑是幸運的，強哥的路就走得曲折許多。雖然終究回到正軌，但彼時他早已年華老去。年輕時的他逃學、混幫派、逃兵，前前後後在監獄待了二十幾年，出獄後事業失敗，流落街頭為無家者，最後因緣際會下受台灣芒草心慈善協會的培訓成為導覽員後，分享自己的人生經驗成為他口中贖罪的方式。我常想，如果沒有機會與現在的強哥接觸，而在他流浪的時間遇到他，我對這個人會有任何想法嗎？結論大概是，他會就這麼隱身在「街友」一詞之下，伴隨著我不知道該不該表現關心的尷尬腳步離去。

理解這城市裡的不同人生

這樣的問題偶爾浮現在腦海裡：如果為台北畫上一道光譜，用來衡量光譜的標準可能是社經地位、犯罪紀錄、或是道德標準，大部分的人認為自己落在光譜的哪一端？而光譜的另一端，又會是哪些人？

我們每天在自己的生活圈中醒來，規律的工作、玩樂與生活，有時候不小心以為世界就是這個樣子，但真的是這樣嗎？有時看見路上蜷縮在睡袋裡的人，讀到幾篇當成是茶餘飯後話題的社會新聞時，難免思考著我們的城市組成能有多少不同面向，就像一個人會擁有喜怒哀樂多種情緒一樣，如果我們總是只願意永遠以笑容示人，隱藏真實情緒，總有一天累積的負面能量可能會將一個人徹底淹沒，而我們的城市何嘗不是如此？若我們永遠只願看見光鮮亮麗的一面，卻長期漠視被視為「汙點」的一面，我相信這個城市很難變得更好。當我們習慣以高高在上的姿態輕視、戲謔或懼怕向來不被理解的禁忌領域，只會造成更大的撕裂與隔閡——但有沒有可能只是因為不是人人都有機會，在一個小房間裡跟你人生毫無交集的人聊天呢？

系列推出後，由席耶娜與江董分別帶領的日式酒店與台式酒店主題之旅，以黑馬之姿在短短一、兩個小時內報名額滿，候補名額甚至排到百位數去。令我們感到欣慰的是，其他相關的角頭、陣頭、殯葬、更生人等主題也受到不小重視，候補雖沒排到三位數，但也是場場額滿。

在規畫本系列時，團隊之間也有過不少討論與掙扎，在「介紹台北不為人知的一面」的主題下，我們思考如何讓整個活動符合這個價值，而不是淪為「滿足都市人的獵奇心態」？於是，我們花了許多時間了解講者的工作內容與心情，才發現原來一直以來最不坦蕩的是我們的有色眼光。當我問了 Chi 那個「再選一次，還會不會當三七仔」的問題時，一脫口而出我就意識到這個問題是建構在「這不是一個好工作」的主觀觀點下而提出的。但話已出口覆水難收，好在 Chi 並沒有太在意，反而坦然地回答了。這時候我才理解，即使以為自己已經將心態調整到能不帶任何批判了，卻總在不自覺的一言一行中發現原來難以擺脫根深蒂固的刻板印象。也正是如此，我們是阻止不了某些人帶著獵奇的眼光而來，但我們可以做的是，讓他們帶著理解的心態離開。

「城市無間道」系列希望達成的，是讓幾個原本在光譜之中難有交集的人們，在導覽中，以平等的姿態相見。

在這城市的人：男同志／藍

藍，台北人。任職於廣告公司。

我們約在中山站的一間熱門咖啡館，樓下已沒有位置，藍與男友坐在四樓半露天的位置上，多雲時晴的暖冬，其實還是有點涼。

藍是淡水人，就讀成功高中，之後考上台大，畢業後做廣告行銷的工作，先後住過大稻埕與萬隆，再搬到現在住的永和。沒什麼意外的話，就會一直在台北工作與生活吧，畢竟台北除了人多，真的沒什麼不好。

說不出台北人該是什麼模樣，但藍的確有個衣著帥氣、談吐明朗的外型，就是跟中山區咖啡館很搭的樣子。藍大概很清楚自己的位置，上了高中之後，他所處的人際圈就是相對有資源的那一方，而儘管不是沒有與母親在咖啡館抱頭痛哭過，但跟許許多多的故事比起來，他的出櫃之路相形順利，說著自己比較偏向非典型親密關係，但也有穩定交往的男朋友，總而言之，就像那些在同志遊行上，陽光健美漂亮的「主流男同志」們。

不過他和男友都說不是。不過到底如何定義主流男同志，我們也沒有答案。

藍的男友的言語有趣，他最近在求婚，更像是逼婚一點，據說藍的全家幾乎都已點頭，連選什麼日子都有腹案。可藍還沒答應，說到底為什麼要結婚，我和藍異口同聲，一旁的朋友們差點笑死，哪有採訪者這麼激動的。大夥還爭辯起來，男友的言語攻擊力度很強，但藍有種先天的冷靜，那種溫差非常像出冬陽的台北，明媚，但遇到陰影處就冷起來，有著清晰的線。

後悔沒有約喝酒，通常酒精催化下比較容易失言。而這個下午，儘管都在熱絡聊天，但藍的每一個字句都像是已經想過、可受檢驗的，他說自己是毀家廢婚派，大方說他和男友是約炮認識的，討厭最近的同志運動，排擠到各種不同性別與情感形式。

「而且我很討厭社運。」對那種抗爭、走上街頭、激越的場面，他無法適應也不喜歡，而少數族群追求的自己的公理正義時，總不免要彼此支援，議題與議題，族群與族群之間，「我覺得為什麼一定要互相綁架，可能大家都是弱勢所以沒辦法，但還是不喜歡，參加熱線培訓時也是，那時剛好是反核遊行，被規定一定要去，我就很受不了。」

但還是想為同志這個圈子努力，一來想聽不同人的故事，二來覺得自己適合個人服務的方式，就這樣參與培訓，一個月至少兩次進行接線的工作。

藍說，這會體察到一個人的限制。在真的開始接線以前，總會有一些偉大的想像，覺得可以幫助到誰、可以拯救到誰，但其實能給的非常少，只有一通電話裡的陪伴。同志父母、愛滋、法律協助、跨性別……不同的人打進熱線，會依需求轉介給不同志工。大約有六成的人是固定會打進來的，其中有比他想像中多的人有精神疾病，也有許多人打進來就是生活瑣事，買什麼去哪裡遇見了誰。

「是到了怎樣無人可說的地步，他們才會打下這一通電話呢，他們連能說的對象都沒有。」

滔滔不絕的瑣事很煩，在義工的基礎上，對這些談話能夠寬容以待，但不免有被刺傷的時候，被說「你一點也不懂」的時候，也只能承認自己的人生經驗的確不足以「懂」，大抵順暢的人生在此時是種框架，甚至是資格，嘿，你怎麼會瞭解呢？

也只能詢問對方是否需要更換談話對象，畢竟這通電話最主要的目的是幫助，「通常這是相對的，我覺得自己不行的時候，對方通常也不會覺得舒服。」那就轉給別人吧，他比較適合給予實質建議或判斷。

本以為參與熱線志工的人，會很溫柔熱情，但藍很實際，讓人不知所措。或許理智的面對問題與需求，能夠不被消磨得太快，才能走得更久。

藍的男友很會吃，從我坐下開始，已經吃了帕尼尼、沙拉、檸檬起士蛋糕、兩壺的花茶，順便搶了藍的提拉米蘇，還喝了咖啡。他是按摩師，訪談這一天，他幫每個人都按摩兩臂，他的手心有微微暖意。訪談結束時，傍晚起風，他只穿著背心短褲，繫著薄圍巾。

下樓時我還在想，這兩人最後到底會不會結婚？

後記

請驕傲地說出自己的名字

「鬼島」是鄉民對台灣的貶抑之名，「天龍人」則是取自漫畫海賊王，形容住在高地價地段的台北人，以台北觀點鄙視天龍國以外的人事物。來自於網路社群的嘲諷名稱，雖可凸顯對台灣現狀的不滿與無奈，但當被主流媒體過度負面使用，以及教育缺少本土章節時，讓許多人忽視自己的名字。

南萬華地區舊名是加蚋仔，名稱來自於凱達格蘭族語的「gara」，意為沼澤地，特產是供應大稻埕茶葉所需的茉莉花，以及豆芽菜、加蚋仔筍。目前正在興建的捷運萬大線，台北市捷運局初步規劃 LG04 站名意象卻是八竿子打不著的「金針花」，經過地方青年組織「六庄」發動連署、引起社會關注，台北市長柯文哲終於在市議會中口頭答應以「加蚋站」作為定案。然而臉書萬華在地社團中，也有在地人反對、無法理解，認為應該要用東園國小站之類容易辨識的名稱，顯示在都市化與缺少地方教材的教育體系中，還有很多台北人並不知道地名是文化認同的重要核心。

相信四至六年級的台灣人都有這樣的學習經驗，中小學是讀國立編譯館標準課本，地理課本從一葉秋海棠開始，為了聯考背一堆鐵路路線名稱、中國各地特產，台灣的部分只剩隻字片語，我僅記得野柳、玉山。歷史課本則從黃帝公孫軒轅、三皇五帝、夏商周，一路到國共內戰，台灣歷史僅有一個章節，標題還是「復興基地」，讚頌大有為國民政府在台灣的台灣的經濟建設，課本看不到二二八事件、白色恐怖的隻字片語，沒有各個地方社區的輔助教材，小朋友離家進入學校，卻沒有機會認識自己的家鄉，沒機會認識那些大龍峒、加蚋仔、唭哩岸等名稱來自平埔族社的老聚落，也沒機會認識更早之前凱達格蘭族在台灣北部的歷史。

本書章節包括水資源、城市與建築規劃、台北三市街發展脈絡、文化資產、民間信仰，還有移工、同志、教育、觀光等公民議題，以多樣議題的文化擾動，期待讀者開始認識這片土地的自然環境與城市的發展脈絡，並以開放、同理的態度面對生活在這座城市的不同族群，漸少價值觀衝突，逐漸形塑文化認同，建立台北城市品牌識別，每個人都能勇敢地說出自己的名字。

最後，感謝所有協助完成本書的夥伴。

台北城市散步尾牙時，我們頒給奇異果文創的神雕俠侶「最佳勇氣獎」，在出版市場逐漸萎縮的現狀，仍勇敢答應協助團隊完成本書。

水瓶子與友人在二〇〇六年成立「圓環文化工作」，長期舉辦台北街區導覽、講座，我最初舉辦大稻埕導覽是以圓環文化工作室名義舉辦，水瓶子是台北城市散步創立的重要推手。

「街遊」是文勤所成立的街友導覽服務，近乎燃燒生命與熱情的投入，讓更多人關注街友議題，令我非常敬佩。路向南是萬華青年組織「好管家」的重要成員，以歷史專業背景參與萬華地方導覽。

ilid chou 參與台北城市散步網站設計及主題導覽視覺設計，奠定台北城市散步的品牌印象。教煌規劃兒童文化課程「小小導覽員寒暑假營隊」，讓孩子透過遊戲的方式認識台北。

柏安、湘婷是台北城市散步最初的兩位核心成員，近幾年多數創意的主題企劃皆是由兩位所發想。柏安負責日文導覽，曾策劃「燃燒吧台北」、「進城」、「那些新課綱沒教的事」等等。湘婷負責英語導覽，以及「城市無間道」、「大稻埕街頭遊戲」、「城市藝想」等等。

如果沒有他們，就不會有現在的台北城市散步了。

邱翊（台北城市散步 執行長）

附錄

作者群介紹

邱翊

旅行社工作數年，曾送上萬名低價團客出國，也曾設計高價自由行。二〇一二年從一條大稻埕導覽開始，後創立台灣第一個收費解說品牌「台北城市散步」，團隊共同設計超過兩百條文化資產、城市觀點為題的解說服務。

本書撰文：〈從大稻埕水岸看都市變遷〉、〈艋舺青山王遶境與爐主傳統〉、〈大稻埕很重要〉、〈大稻埕文創產業：從以前就有了〉、〈蔣渭水也在大稻埕經商〉、〈停格與失落的台北畫面〉、〈燃燒吧！台北——老屋文化資產〉、〈觀察台北的二十個角度〉、〈去〇〇，不去老街〉。

蘇柏安

汐止出生，台北長大。從小不愛讀書，喜歡往外跑。但某次跑到日本鄉下，被當地人熱愛家鄉的情懷所感動，下定決心回過頭來，踏上重新認識家鄉的旅途，於是來到了台北城市散步。喜歡空心菜，在壓力大的時候吃空心菜是一種救贖。

本書撰文：〈我們的家，從河處來〉、〈很近的歷史，被遺忘的台北城〉、〈在這城市的人：發美皮鞋店高清源老闆〉、〈導覽作為一種文化教育〉、〈在這城市的人：深夜果菜批發市場工作者〉。

廖湘婷

深信台灣的可愛被埋沒得可惜，於是想從自己居住的城市一步一步走出了解。台北這座像個倔強老人的年輕城市，沒有耐性是沒辦法發現它的好的。所以繼續走下去吧。

本書撰文：〈在這城市的人：引路童子〉、〈在這城市的人：酒店江董〉、〈戲，在大稻埕街頭上演〉、〈行走，體驗城市的節奏〉、〈新住民與移工〉、〈城市無間道〉。

張教煌

擁有藝術碩士學位，專於藝文活動策畫。

本書撰文：〈導覽作為一種文化教育〉、〈在這城市的人：學校裡的歷史老師〉。

水瓶子

喜歡在無盡地深夜面對電腦螢幕，希望在有生之年完成拜訪書寫百大城市的容顏。著有《在城市的彼端，我站著》、《台北咖啡印象》、《台北小散步》、《我的書店時光》、《台北捷運散步手帖》等。迷上了無目的的城市散步，走過一座橋想像這條河流的身世，想更了解背後的故事。喜歡逛美術館，對一張畫作背後的故事有濃厚求知的慾望，更喜歡沉溺於咖啡的香氣與口感，享受各個咖啡館的獨特印象。

本書撰文：〈台北水圳道的過去、現在、未來〉。

ilid chou

木柵出生，貓空長大，從小覺得自己是木柵人而非台北人。人文社會學系畢業，莫名踏入平面設計的領域。接下城市散步的工作後，才重新認識這個捷運、夜市、百貨與網拍街之外，非常小也非常大，故事說不完的城市。目前是美編、採訪、打雜小妹，目標是畫出一百張地圖，還有把自家的茶葉銷出去。

本書撰文：〈在這城市的人：溪洲部落／秀妹〉、〈在這城市的人：男同志／藍〉。

曾文勤

宅女一枚，性疏懶。似有大志，時常掙扎於死線和枕頭山之間。問何以所致？啊就生性疏懶又愛攬事咩……

本書撰文：〈無家者的從前與現在〉。

路向南

萬華人，政大歷史碩士，現在是老台北、台灣史與民國史的探索者。

本書撰文：〈艋舺：在懷舊與新生之間思索〉。

國家圖書館出版品預行編目（CIP）資料

台北城市散步：走過不路過 / 台北城市散步著.
-- 初版. -- 臺北市：奇異果文創, 2017.06
232面；14.8×21公分. --（緣社會；11）
ISBN 978-986-93963-7-0（平裝）

1. 人文地理 2. 臺北市

733.9 / 101.4　　106009823

緣社會
011

台北城市散步：走過，不路過

作　　者	台北城市散步
美術設計	蘇品銓
編輯助理	周愛華
總 編 輯	廖之韻
創意總監	劉定綱
法律顧問	林傳哲律師　昱昌律師事務所
出　　版	奇異果文創事業有限公司
地　　址	臺北市大安區羅斯福路三段193號7樓
電　　話	(02) 23684068
傳　　真	(02) 23685303
網　　址	https://www.facebook.com/kiwifruitstudio
電子信箱	yun2305@ms61.hinet.net
總 經 銷	紅螞蟻圖書有限公司
地　　址	臺北市內湖區舊宗路二段121巷19號
電　　話	(02) 27953656
傳　　真	(02) 27954100
網　　址	http://www.e-redant.com
印　　刷	永光彩色印刷股份有限公司
地　　址	新北市中和區建三路9號
電　　話	(02) 22237072
初　　版	2017年6月22日
初版二刷	2019年3月15日
I S B N	978-986-93963-7-0
定　　價	新臺幣320元